CÓMO COMPRAR BIEN TU CASA

Los pasos necesarios para lograr:
- Mejores precios y ubicación
- Opciones de crédito
- Asesoría profesional adecuada

Robert Irwin

Real Estate Education Company®

a division of Dearborn Financial Publishing, Inc.

A pesar de que se ha procurado dar información fidedigna y actualizada, las ideas, sugerencias, principios generales y conclusiones que figuran en este texto, están sujetas a reglamentaciones municipales, estatales y federales, casos llevados a los tribunales y revisiones de los mismos. Recomendamos al lector buscar asesoría legal en lo concerniente a las leyes específicas aplicables a su localidad. Esta publicación no debe ser utilizada como sustituto de consejo legal competente.

Traducido de la primera edición en inglés de
Buy Your First Home!

Dirección editorial: **Karin N. Kiser**
Supervisión editorial y producción: **Editorial Pax México**
Traducción: **Héctor Javier Escalona**
Portada: **Richard Gahalla**

© Copyright 1998 por Dearborn Financial Publishing, Inc.®
Publicado por Real Estate Education Company®
una división de Dearborn Financial Publishing, Inc.,® Chicago

Library of Congress Cataloging-in-Publications Data

Irwin, Robert. 1941-
    [Buy your first home! Spanish]
    Cómo comprar bien tu casa/Robert Irwin.
        p.   cm.
    ISBN 0-7931-2904-4
    1. House buying. I. Title.
    [HD1379.I64218 1998]   98-13830
                                                    CIP

Printed in Mexico/Impreso en México

ÍNDICE

Capítulo 1

LA DECISIÓN DE COMPRAR

Comprar una casa por primera vez (o por primera vez en mucho tiempo) puede ser una aventura emocionante, y también la causa de mucho temor. Son muchas las cosas que causan preocupación: ¿Va usted a pagar demasiado? ¿Está eligiendo el vecindario apropiado? ¿Le agradará realmente la casa? ¿Tiene recursos para hacer los pagos?

Por otra parte, también está el placer de finalmente ser dueño de una casa propia. Ya no tendrá que evitar hacer ruido porque otros inquilinos podrían quejarse. No más tener que pelear por un lugar cercano para estacionar el auto. No más tratos con el casero.

Además, puede ser divertido hacer que los agentes inmobiliarios lo acompañen a distintos lugares o a examinar los nuevos modelos de las constructoras. Si se ha preguntado qué hacer en un fin de semana, la búsqueda de una casa puede ocupar su tiempo con algo entretenido, acompañado de un cierto grado de frustración.

¡Usted no está solo!

Cada año, millones de personas buscan y compran su primera casa. Casi tres cuartas partes de sus colegas en esta empresa son casados; la mayoría ha ahorrado durante tres o cinco años para el enganche (muchos con ayuda de padres o parientes). Más de dos tercios de ellos comprarán una casa unifamiliar, y el resto, condominios horizontales o departamentos en condominio.

Es muy probable que usted se vea inmerso por primera vez en el mundo de la inversión inmobiliaria (después de todo, una casa suele ser la inversión más grande que hacen en su vida la mayoría de las personas), el financiamiento de vivienda y la realización de tratos, y fácilmente podría sentirse confundido.

¿Se están confabulando contra mí?

Cuando el agente inmobiliario comienza a preguntarle si desea una "tasa fija" o una "ARM sin negativo", o si prefiere una "restaurable" o una casa con "atractivo de banqueta", es comprensible que uno se sienta un poco intimidado. Después, el que le pidan entregar un cheque de $1,000 o más como depósito y firmar un contrato que suele tener cuatro o cinco páginas llenas de legalismos que nadie puede entender, es suficiente para pensar en tirar la toalla y volver a la vida sin complicaciones del alquiler, en la cual puede llamar a la administración cuando el escusado se tapa.

En México la confusión aparece cuando las alternativas son en UDI'S, FOVI, tasas variables, pagos crecientes, etcétera.

Un poco de ayuda

Tenga la seguridad de que la inmensa mayoría de quienes compran por primera vez aprenden rápidamente el nuevo vocabulario y las técnicas necesarias para tratar con éxito con agentes y vendedores. Usted también se hará experto en la manera de inspeccionar una casa e incluso en el manejo del papeleo. Pero no está de más contar con algo de orientación a lo largo del camino, y es aquí donde interviene este libro.

Este libro se escribió después de consultar a un gran número de nuevos compradores y de corredores con experiencia para determinar cuáles son las áreas que causan preocupación con más frecuencia. En consecuencia, con él usted:

- aprenderá cómo encontrar las mejores ubicaciones;
- determinará exactamente cuánto puede pagar;
- experimentará el alivio de darse cuenta al fin de qué es lo que verdaderamente desea de una casa;
- comparará los diferentes costos y estilos de vida en departamentos en condominio, propiedades y condominios horizontales contra una residencia unifamiliar;
- conocerá los distintos tipos de financiamiento disponibles precisamente para quienes compran por primera vez (con enganches tan reducidos como el cinco por ciento o menos);
- sabrá cuánto debe ofrecer por cualquier propiedad y dar como depósito inicial;
- entenderá el convenio de compraventa;
- comenzará a negociar plazos y condiciones como un profesional;
- sabrá lo que se espera de usted en el cierre y cómo impedir que lo engañen; y

- descubrirá la mejor manera de ahorrar en el pago de impuestos.

En pocas palabras, este libro le ofrece las herramientas sencillas que necesita para dominar el arte de comprar su nueva casa. Todo está aquí, rápido y fácil. No se preocupe. No tendrá que dedicar mucho tiempo a estudiar este libro. En cambio, cuando surja una pregunta, sabrá exactamente a dónde recurrir para encontrar una respuesta práctica que le ayude.

La decisión de comprar

Pero primero lo primero. ¿En realidad debería comprar una casa, o es preferible continuar alquilando una? Comprar una casa tiene ventajas y desventajas, y es importante considerar ambas caras de la moneda antes de dar el salto.

Cuando usted compra, se echa encima las responsabilidades de la propiedad, muchas de las cuales son financieras. Ahora tendrá que pagar lo siguiente:

- Hipoteca(s)
- Impuestos
- Seguros
- Mantenimiento
- Cuota de propietario en el caso de condominio, propiedad horizontal o asociación
- Todos los servicios

Una planificación cuidadosa le permitirá tener todo calculado de modo que pueda cumplir con estas obligaciones sin agotar sus recursos. Pero recuerde también que, con una casa, no es tan fácil tomar sus cosas y mudarse. Aquí no vale dar aviso al casero con 30 días de anticipación. Si consigue un empleo en una nueva zona o simplemente decide que desea hacer la prueba de vivir en otra parte, tendrá que vender su casa (lo que puede tomar hasta medio año o más, y quizá sea costoso) o, si no puede o no desea vender, tendrá que alquilarla, lo que lo convertirá en *casero*, con toda una lista de nuevas responsabilidades.

No. No estoy tratando de asustarlo, pero es importante entender todo lo que viene junto con la casa. Por otra parte, es indudable que millones de personas cada año sienten que vale la pena; esto se debe a que las ventajas que trae consigo la propiedad de una casa son de índole tanto personal como financiera.

Del lado personal, es muy real el placer de ser el amo del propio castillo: usted podrá, por ejemplo, poner un clavo en el muro para colgar un cuadro sin preocuparse porque no le devuelvan completo el depósito inicial de garantía. Si desea una mascota, no tiene que preocuparse por lo que vaya a decir el vecino de al lado. En pocas palabras, la propiedad de una casa trae consigo una libertad que los inquilinos jamás experimentan.

Existen además recompensas financieras: podrá deducir (en la mayoría de los casos) todos sus intereses hipotecarios y sus impuestos. (Esto ayuda a hacer más tolerables los altos pagos mensuales; recuerde, el alquiler residencial no es deducible.) Además, cuando venda la propiedad, suele ser posible diferir la aplicación de impuestos a su ganancia invirtiéndola en una casa más costosa. Por otro lado, los costos de la hipoteca, intereses e impuestos por la adquisición no son deducibles para los adquirientes o propietarios de casas habitación.

Si usted es profesional independiente y su oficina está registrada fiscalmente en su casa, podrá deducir algunos gastos inherentes a la operación de su negocio, siempre y cuando cumpla con algunos requisitos fiscales.

Está también, el motivo de obtener una utilidad. Históricamente, una casa ha sido una inversión excelente. Incluso en el momento más deprimido del mercado reciente, la mayoría de las casas se vendían por tres o cuatro veces su valor de 20 años atrás; ahora, una vez más, se estima una oportunidad excelente de un fuerte aumento de valor de los bienes raíces en casi todas partes. En países como México, con una tasa inflacionaria anual alta, la inversión inmobiliaria suele ser una buena opción, ya que es una forma segura de proteger el valor de su dinero.

El comienzo

¿Qué hacer? ¿Comprar o continuar alquilando? Desde luego, se trata de una decisión privada, pero espero que se decida a comprar. He hecho ambas cosas muchas veces y le puedo decir que siempre me siento mejor cuando estoy en una casa que es mía (¡aunque duela hacer los pagos!).

En los capítulos siguientes, analizaremos lo que necesita saber para conseguir una casa con la que se encariñará y cuyos pagos podrá cumplir. Consideraremos la ubicación, cómo encontrar la "casa perfecta", cómo conseguir un trato verdaderamente bueno, cómo hacer arreglos para un financiamiento de bajo costo, cómo ahorrar dinero en impuestos, cómo comprar si usted es una persona soltera y muchos otros temas importantes, entre los cuales están cómo negociar con el vendedor y cómo leer y entender el papeleo. Recuerde que cualquiera puede salir y comprar una casa sin tardanza. El truco está en conseguir la casa correcta al precio apropiado y en el vecindario idóneo.

Capítulo 2

¿LA CASA SOÑADA
O UNA PERRERA?

¿Tiene usted una idea de la casa de sus sueños?

Es interesante que la mayoría de las personas con las que he conversado tienen sólo una idea parcial de lo que verdaderamente desean de una casa. Para algunos, puede ser una apariencia específica: colonial con postigos, o estilo plantación con pilares al frente, o de rancho al estilo del oeste. Otros simplemente desean espacio para vagar en él: muchas recámaras, una gran cocina y un salón familiar más grande en un terreno muy extenso. En cambio, otros compradores primerizos buscan la cercanía a buenas escuelas o a su trabajo, y no les interesa tanto la apariencia de la casa.

¿Sabe usted lo que realmente desea en una nueva casa? Mi esposa y yo ciertamente no lo sabíamos cuando adquirimos nuestra primera casa, así que cometimos algunos errores importantes. Ella estaba embarazada con nuestro primer hijo y yo batallaba con un empleo nuevo. Por supuesto, nos agradaba la idea de tener tres recámaras y un par de baños con una cochera en vez de un cobertizo para el auto. Pero en realidad no hablamos mucho de eso, y la "casa de nuestros sueños" acabó siendo algo donde nos pudiéramos meter sin tardanza y que no costara mucho. Y eso fue lo que compramos: una casa que pronto comenzó a parecernos desagradable.

Aunque la casa misma era pequeña pero adecuada, el vecindario era horrible: había pandillas que merodeaban por ahí y vecinos al otro lado de la calle que simplemente arrojaban su basura sobre su césped. No es necesario decir que no nos gustó vivir en ella y, lo que fue peor, tuvimos gran dificultad para venderla de nuevo. Los compradores potenciales echaban un vistazo al vecindario, en particular a los habitantes de la calle de enfrente, y ni siquiera se molestaban en detenerse a mirar nuestra casa.

Después de vivir ahí un tiempo, descubrimos lo que en realidad queríamos en una casa: para nosotros, un buen vecindario encabezaba la lista. También deseábamos un patio trasero más grande y un salón familiar independiente. ¡Si sólo hubiéramos sabido esto antes de comprar! (Por cierto, finalmente vendimos la propiedad y nos mudamos a una casa mucho más apropiada.)

Hay un viejo dicho acerca de que no se puede obtener lo que se desea si antes no se sabe de qué se trata y, sin duda, eso se aplica a las casas. Por consiguiente, antes de llamar a un agente o hacer cualquier otra cosa, es importante sentarse y elaborar una lista de prioridades.

¿Cómo elaborar una lista de los factores que desea en una casa?

¿Cómo saber efectivamente lo que se desea en una casa antes de comprar una, y no después, como hicimos nosotros? Algo que no resulta muy útil es elaborar una lista del "sueño", es decir, una lista de todo lo que siempre ha soñado tener en su casa.

En este caso el problema es, como pronto lo verá si lo intenta, que esta clase de lista no es práctica. Si damos rienda suelta a nuestra imaginación, pronto estaremos pensando en enormes recámaras principales con chimeneas, saunas y gimnasios, jardines palaciegos con canchas de tenis y albercas, vistas de montañas, mares o lagos, ¡quizá hasta en el escenario de una hermosa campiña europea! En otras palabras, la mayoría de nuestros sueños son sólo eso: ilusiones no ancladas en la realidad. Pero nada es más real que gastar $100,000 o más en una casa.

Por consiguiente, sugiero un enfoque diferente. He llegado a la conclusión de que, si bien muchos de nosotros no siempre sabemos lo que sí queremos, estamos muy seguros de lo que *no* queremos (como en mi propio caso). Si ha vivido en una casa alquilada, es probable que haya diversas cosas que desea evitar al comprar su primera casa. Así que, en primer lugar, sugiero que haga una lista de las cosas que desea evitar. Una vez que la tenga, podrá convertirla fácilmente en una lista de factores positivos que desea. Un comprador primerizo típico quizá desee evitar unas recámaras pequeñas; un lugar ruidoso; un cobertizo para el auto o la falta de estacionamiento al aire libre; la carencia de facilidades de lavandería; una ubicación peligrosa; la lejanía del trabajo o de la familia y los amigos; la falta de jardín al aire libre; y la ausencia de instalaciones recreativas cercanas.

Su lista, por supuesto, puede ser muy diferente, pero la anterior sirve para ilustrar la idea. Aunque puede ser difícil visualizar de manera realista lo que usted desearía en una casa, no lo es tanto describir lo que desea evitar. Elabore su propia lista y coméntela con su pareja o con amigos. ¿De qué desea librarse con la compra de su primera casa? Después de todo, esto le lleva a la esencia de por qué desea comprar, para empezar.

Una vez que tenga su lista de factores negativos, es fácil cambiarla a positivos. Tomemos nuestra lista y convirtámosla.

Factores positivos convertidos a partir de negativos

Cosas que evitar	*Lo que realmente deseo*
Recámaras pequeñas	Recámaras grandes
Lugar ruidoso	Lugar tranquilo
Cobertizo para el auto o estacionamiento abierto	Cochera
Facilidades de lavandería externas	Facilidades de lavandería internas
Lejos del trabajo	Cerca del trabajo
Falta de jardín exterior	Patio o jardín
Lejos de familiares y amigos	Cerca de familiares y amigos
Falta de área recreativa cercana	Instalaciones recreativas cercanas
Zona peligrosa	Zona segura

Observe que fácil es elaborar primero una lista de las cosas que desea evitar y luego cambiarlas de aspectos negativos a positivos. Aunque quizá desee eliminar algunos puntos de mi lista, también es probable que quiera agregar varios por cuenta propia. Deje ahora de leer unos pocos minutos y elabore su propia lista de "factores positivos que deseo" (vea la figura 2.1).

Cosas que evitar en la ubicación de una casa

Es importante incluir como un factor no deseable dentro de la probable ubicación de una casa la cercanía a estaciones del metro en el área metropolitana de la Ciudad de México, ya que éstas se ven seriamente afectadas por puestos ambulantes en la calle y por la instalación de terminales de vehículos de transporte público, lo que ocasiona caos en las vialidades, y demerita el valor de una probable "buena ubicación".

Por otro lado, las casas en venta sobre calles conocidas como "ejes viales" tienen varias restricciones que vale la pena tomar en cuenta, como la imposibilidad de estacionarse en la calle y la densidad de vehículos que dificulta las entradas y salidas a los estacionamientos.

Cómo asignar prioridades a la lista de factores positivos

Si usted le pide a una persona que señale lo que quiere de una lista de cosas deseables, y le responde con honesti-

Figura 2.1 Elabore su propia lista de factores positivos que desea

Cosas que evitar	Lo que realmente deseo
1. _____	_____
2. _____	_____
3. _____	_____
4. _____	_____
5. _____	_____
6. _____	_____
7. _____	_____
8. _____	_____
9. _____	_____
10. _____	_____

dad, dirá, "¡Lo quiero todo!". Por supuesto, todos diríamos lo mismo. Sin embargo, en el mundo real y en particular dado el alto costo de la vivienda, puede no ser posible conseguir todos los puntos de su lista de "deseos". Por tanto, es útil asignar prioridades, es decir, señalar las cosas que usted más desea y aquéllas que, si se ve obligado a hacerlo, puede pasarse sin ellas. ¿Cómo se asignan prioridades en una lista de este tipo?

Cuando asignamos prioridades, básicamente estamos sopesando el valor relativo de los diferentes puntos. ¿Cuáles pesan más para nosotros y cuáles son menos importantes? El factor que pesa más para mí es la ubicación. Observe que en mi lista hay cinco elementos que tienen que ver con la ubicación de una futura casa: tranquila, cerca del trabajo, cerca de familiares y amigos, cerca de medios de recreación y segura.

Aunque su lista puede diferir en otros aspectos, dudo que sea en realidad muy distinta en términos de la primera prioridad: la ubicación. Es probable que varios elementos de su lista estén relacionados con ella: por ejemplo, quizá haya indicado "cerca de escuelas" o "cerca de tiendas". Los agentes inmobiliarios saben que la consideración individual más importante para la inmensa mayoría de las personas que adquieren una casa es dónde está ubicada. (Recuerde que en el ejemplo de mi primera casa, el error más grande que mi esposa y yo cometimos fue no poner más atención a su ubicación.)

No estoy tratando de convencerlo de hacer de la ubicación su prioridad principal. De hecho, su primera preferencia puede ser otra. No obstante, estoy sugiriendo que si desea que su primera casa sea una compra satisfactoria, deberá pensar seriamente en asignar a la ubicación un lugar muy alto en su lista.

Incluso bajo el encabezado de "ubicación" existen prioridades. ¿Es la seguridad lo más importante? ¿O lo es estar cerca de familiares o amigos? ¿Qué ocurre si ambos aspectos se excluyen mutuamente? ¿Cuál es más importante? En otras palabras, aunque la ubicación encabece su lista, tarde o temprano tendrá que elegir un punto donde empezar a buscar. Así que ahora es un momento tan bueno como cualquier otro para establecer al menos algunas indicaciones de dónde desea ubicarse.

Después de la ubicación, en realidad es cuestión de conjetura determinar qué es lo más importante para usted. Debe pensar en el tamaño actual y futuro de su familia. ¿Piensa tener hijos? ¿Cuántos? Si va a tener muchos, debe pensar en una casa con más recámaras. Pregúntese qué tan importante es una cochera o un sótano. Si repara el auto o tiene aficiones, puede ser vital. Por otra parte, quizá pueda renunciar a esto con tal de tener más recámaras. Lo que debe hacer es llegar a una decisión respecto a qué es lo más importante y comenzar a asignar prioridades en su propia lista.

Compre pensando en la reventa

Lo repetiré muchas veces en este libro: la utilidad sobre una casa se consigue no cuando se vende, sino cuando se compra. Compre bien y le será fácil revender. Si compra mal, vender con utilidad puede ser casi imposible. Comprar bien significa, por supuesto, conseguir una buena ubicación, pero también significa adquirir una casa que a otros les gustaría tener. En términos de recámaras, la casa unifamiliar más popular tiene tres; una casa con dos recámaras es por lo común demasiado pequeña (una casa de una recámara, excepto en el caso de departamentos en condominio, es muy difícil de revender), y en las de cuatro suele elevarse demasiado el precio.

Usted se mudará. Observe que no estoy afirmando que podría mudarse. A menos que sea esa excepción muy poco frecuente, revenderá la casa que ahora está adquiriendo después de siete o nueve años de ser suya y comprará otra. Así que sería bueno recordar, cuando elabore su lista de prioridades, que no es para toda la vida. Si no consigue algo especial que desea en esta casa, es muy probable que lo obtenga en la siguiente.

¿Qué tan específico debe ser?

He visto a compradores primerizos con una lista muy detallada de prioridades de lo que desean en una casa, que incluye hasta la orientación (sur, norte, etc.) de la misma. Algunos llegan incluso a elaborar un dibujo de su distribución ideal.

Pienso que, si bien es importante saber lo que uno desea, lo es en igual medida no enredarse en detalles antes de siquiera comenzar a buscar. Conservar la flexibilidad es la clave para encontrar la casa adecuada. Procure no ser demasiado específico. Si se limita a una fórmula específica para una casa, pronto se decepcionará cuando descubra que simplemente no existe o, si existe, usted no puede pagarla.

Para comenzar

Esta primera lista de prioridades sirve sólo para darle una dirección. Ahora, armado con ella, está en condiciones de comenzar. Cuando haya comenzado a buscar en serio, sin duda habrá de modificarla varias veces.

Un último consejo, empero: no cambie su primera prioridad, cualquiera que sea, sin importar lo que pase. Si tiene que renunciar a todo lo demás, consiga su primera prioridad. Si no lo hace, nunca estará contento con su primera casa.

Capítulo 3

Cómo encontrar a un agente productivo

La mayoría de las personas no tienen motivos para emplear los servicios de un agente hasta que llega el momento de comprar su primera casa. Después de todo, los agentes se encuentran comúnmente en campos profesionales como la actuación y la literatura y si usted no es actor o escritor, ¿para qué quiere uno?

La razón es que, en el caso de los bienes raíces, los agentes tienen un papel importante en la compraventa de una casa. Muchos vendedores dan su casa en exclusiva a un agente y, por tanto, cuando usted llama a uno, él o ella suele tener acceso a la mayoría de las casas que están actualmente en venta en su zona. Esto nos indica lo razonable que resulta consultar primero a un agente.

Pero, ¿tienen todos los agentes acceso a todas las casas? ¿Es importante cuál agente se seleccione? ¿Cómo encontrar uno bueno?

En este capítulo responderemos éstas y muchas otras preguntas respecto al tema.

¿Qué es un agente?

Un agente es un "fiduciario", lo que significa, simplemente, que los agentes deben actuar a nombre de su cliente (usted) y en beneficio de sus intereses. Por ejemplo, en vez de buscar una casa usted mismo, puede contratar a un agente que lo haga en su lugar.

En México, el concepto de agente corresponde al corredor inmobiliario o profesional inmobiliario, actividad cada vez más profesionalizada que ofrece el apoyo y la asesoría adecuados a cada cliente y sus requerimientos.

En nuestro país aún no es requisito tener licencia para ser agente o profesional inmobiliario. La seriedad y formalidad de éstos depende de la compañía en la que trabajan y el prestigio y buen nombre propio y de la empresa en el mercado local.

¿Para quién trabaja un agente?

Puesto que un agente trabaja para un cliente, es importante entender quién es ese cliente. Aunque un agente quizá lo lleve a ver diferentes propiedades, lo más común es que usted no sea su cliente.

Por el contrario, el cliente es el vendedor, es decir, la persona que firmó un convenio de exclusiva con el agente. Es importante entender este concepto, porque puede significar una gran diferencia cuando llega el momento de negociar una compra.

Si el agente firma un convenio de exclusiva con el vendedor y con ello se convierte en un "agente del vendedor" (un término técnico), ese convenio normalmente lo obliga a conseguir un comprador (usted) para la propiedad. Esto tiene ciertas ramificaciones interesantes: por ejemplo, si el vendedor dice al agente, "¡Aunque estoy pidiendo $80,000 por el condominio, estoy dispuesto a aceptar $60,000, pero no se lo diga a los compradores", por ética, el agente no puede decirle a usted lo que el vendedor dijo.

Por otra parte, si usted dice al agente del vendedor, "Estoy ofreciendo $60,000 por el condominio, pero estoy dispuesto a llegar hasta $70,000", él o ella estará obligado a revelarlo al vendedor. El agente trabaja para el vendedor, no para usted.

Si hubiera sólo una propiedad para mostrar, esto sería bastante evidente. Sin embargo, los agentes suelen compartir el corretaje de prácticamente todas las propiedades de una zona, lo cual significa que, aunque sólo un agente tenga la exclusiva, él o ella ofrece compartir la comisión con cualquier otro que le lleve un comprador. Por lo general, el otro agente se convierte ahora también en un "agente del vendedor". En otras palabras, el hecho de que un agente no tenga la exclusiva de la propiedad que le está mostrando no significa que no represente al vendedor.

A causa de la confusión respecto a la representación, muchos estados obligan ahora a los agentes a decirle exactamente a quién representan antes de que haga una oferta. El agente tiene tres opciones:

1. Ser agente del vendedor, como ya explicamos.
2. Ser agente del comprador. Este agente trabaja para usted.
3. Ser agente mutuo. Este agente pretende trabajar tanto para el comprador como para el vendedor. (Digo "pretende" porque no creo que alguien pueda servir honestamente a dos amos.)

El agente del comprador

Un agente del comprador es un concepto relativamente nuevo en los bienes raíces. Se trata de una persona que *usted* contrata para localizar una propiedad para usted. El agente sale y examina todas las propiedades disponibles y luego, se supone, le muestra la que es más adecuada para usted. Si es usted como yo, estoy seguro de que ya está pensando en la cuestión del pago. En su carácter de comprador, ¿tiene que pagarle a este agente?

Sí y no. Algunos agentes del comprador desean que éste les pague, con frecuencia una parte por adelantado, y por lo general una cantidad más bien reducida en comparación con una comisión de venta completa. Alternativamente, el agente puede compartir el corretaje con otros agentes y, por tanto, recibir una parte de la comisión del agente del vendedor, lo cual significa que usted no tiene que pagar.

En este punto podría preguntar, y con razón, si el reparto de la comisión del agente del vendedor podría constituir un conflicto de intereses para el agente del comprador. Es interesante el hecho de que se ha afirmado que la relación fiduciaria no está determinada necesariamente por quién paga al agente, sino más bien por quién declara éste como su cliente. En otras palabras, y en teoría, un agente del comprador puede ser leal a usted no obstante que quien le paga es el vendedor.

¿Le conviene trabajar con un agente del comprador?

En ciertas zonas los agentes del comprador abundan, o al menos están disponibles. En otras, no podría encontrar uno ni buscando durante un mes. Por mi parte, no me importa en realidad a quién representa técnicamente el agente en tanto el mismo sea franco y honesto. Simplemente me cuido de no revelarle cuál es mi mejor oferta y qué estoy dispuesto a negociar. Confiar en uno mismo antes que en el agente ha sido y sigue siendo la mejor política.

¿Quiénes son agentes?

Los agentes inmobiliarios provienen de todas las profesiones y condiciones sociales. Con frecuencia se trata de personas que se han jubilado de otro empleo y buscan complementar sus ingresos. A veces son mujeres que intentan reincorporarse a la fuerza laboral después de haber criado a sus hijos.

Independientemente de lo que haya hecho antes un agente, existen ciertos atributos que contribuyen al éxito en los bienes raíces. Entre ellos se cuentan:

- honestidad;
- capacidad para llevarse bien con las personas;
- facilidad para los números;
- capacidad para juzgar el carácter; y
- capacidad para pensar de forma lógica.

Observe que el número uno es la honestidad. Lo último en el mundo que usted desearía es trabajar con un agente que tiene una agenda oculta y que está tratando de engañarlo para hacer algo que va en contra de sus intereses. Usted necesita un agente que le diga la verdad aunque sepa que quizá usted no desee escucharla o aunque ello pueda significar la pérdida de una comisión de venta.

¿Cómo se convierte una persona en agente?

Para convertirse en agente inmobiliario actualmente en los Estados Unidos, una persona debe obtener una licencia estatal; para ello se requiere pagar una cuota y presentar un examen. En ciertos estados el examen es muy extenso y cubre casi todos los aspectos de los bienes raíces, entre ellos la exclusiva, la venta, el financiamiento y la ética. Además, por lo general una persona que ha sido convicta de un delito no puede convertirse en agente. En México y en Latinoamérica, en la actualidad no se requiere una licencia para ser agente o corredor de bienes raíces.

Los agentes inmobiliarios reciben diversos nombres: corredor, vendedor, REALTOR® en los Estados Unidos o profesional inmobiliario en México. Como comprador primerizo, es probable que usted nunca haya trabajado con un agente y esto podría causarle confusión. En cualquier caso, es importante conocer la diferencia para que pueda juzgar mejor a la persona con quien está tratando. Los términos que se describen enseguida pueden ayudarle a hacer esas distinciones.

Agente: cualquiera que tenga licencia para vender bienes raíces.

Vendedor: el puesto de entrada en el campo inmobiliario. Por lo general, para convertirse en vendedor en los Estados Unidos es necesario pasar un examen y además conseguir el patrocinio de un corredor. Después se debe trabajar en la oficina de éste hasta que se adquiere experiencia suficiente para convertirse a su vez en corredor.

Corredor: persona que tiene experiencia y ha pasado un examen de calificación más extenso. Sólo un corredor tiene facultades para abrir y mantener una oficina inmobiliaria. Sin embargo, un corredor puede trabajar para otro. Si la persona con quien usted trata le dice que es corredor, sabrá que está hablando con alguien que ocupa un nivel arriba del vendedor.

REALTOR®: corredor que además es miembro de la National Association of REALTORS® (NAR) de los Estados Unidos, una organización gremial. La NAR ofrece seminarios y programas que permiten a los corredores aumentar sus conocimientos en campos como las oportunidades en intercambio (industrial), arrendamiento (alquiler) y los negocios (inmuebles comerciales). Por lo general, un REALTOR® le hará saber rápidamente que cuenta con una designación adicional obtenida con una capacitación especial. En el nivel estatal, los agentes pertenecen a organizaciones asociadas a la NAR; en el nivel local, se afilian a consejos inmobiliarios.

REALTOR-ASSOCIATE®: vendedor miembro de la NAR.

¿A quién puedo recurrir si tengo un problema con un agente?

Los agentes pueden ser disciplinados por sus pares por medio de un consejo inmobiliario local. Si tiene un problema, a veces recurrir a este tipo de consejo puede ser el medio más eficaz e inmediato de remediarlo. Una apelación al estado toma más tiempo y, aunque podría dar como resultado en último término la censura o disciplina del agente, es poco probable que le ayude de inmediato con su problema actual.

¿Cómo encontrar un buen agente?

Ésa, por supuesto, es la gran pregunta. He trabajado con cientos de agentes, tanto de manera profesional como en calidad de principal (comprador). Con algunos de ellos no me gustaría estar en la misma habitación; en otros confío lo suficiente para darles un cheque en blanco firmado. El agente que usted consiga puede significar una enorme diferencia en cuanto a encontrar la casa idónea para usted. Con un buen agente, la búsqueda de una casa será agradable, las negociaciones se llevarán con dignidad y es probable que usted quede muy satisfecho con el inmueble que finalmente adquiera. Por otra parte, con un agente no tan bueno, cada paso que dé puede ser difícil y dar por resultado un lugar que usted en realidad no deseaba.

Demostraciones especiales

Existen muchas formas de encontrar un agente. Entre a cualquier demostración especial de una casa y descubrirá que el agente que está de servicio tratará de ganárselo como cliente. En la jerga del negocio, usted es un "prospecto". En general, el propósito de abrir las casas al público es principalmente encontrar compradores para el agente y además dar la impresión de estar haciendo algo en favor del vendedor. Estudios han demostrado repetidamente que los compradores que entran a una casa abierta rara vez adquieren esa propiedad en particular. Yo mismo, sin embargo, soy una excepción a la regla, pues adquirí una casa que conocí en esta forma.

La oficina del agente

Otra manera de encontrar un agente es acudir a cualquier oficina inmobiliaria. Al igual que en la sala de exposición de una agencia de automóviles, ahí de inmediato se le presentará a un agente.

No obstante, en estas circunstancias el agente será la persona de "turno", es decir, la siguiente en la fila. A los agentes se les asigna tiempo de guardia, que es aquel que pasan en la oficina respondiendo llamadas respecto a anuncios y atendiendo a los prospectos que llegan. En una oficina más grande existe una lista, y a usted le tocará la persona que sigue en ella.

Pero esto no es necesariamente algo bueno: los agentes más nuevos son normalmente los que desean tiempo de guardia, porque les ayuda a conseguir clientes (prospectos). Con frecuencia, los más experimentados y duchos tienen suficientes referencias para mantenerse ocupados. Eso no significa que no quieran clientes nuevos: todo cliente es una venta y una comisión potenciales; se trata simplemente de que no es probable que usted consiga ese mejor agente simplemente entrando en la oficina.

Recomendación

Otra manera de encontrar un agente es a través de recomendaciones. Quizá un amigo o pariente haya comprado o vendido recientemente una propiedad, haya tenido una buena experiencia y le hable elocuentemente de su agente. Llame a ese agente y entrevístese con él o ella. Consiga una lista de las propiedades que haya vendido en los últimos seis meses, junto con los nombres y números telefónicos de los compradores o vendedores a quienes representó. Después, llame a esas personas y escuche sus comentarios. ¿También están satisfechos? De ser así, ya tiene el agente que buscaba.

Otras maneras de encontrar un agente

Busque en la Sección Amarilla del directorio telefónico, llame como respuesta a un anuncio en el periódico o consulte la Internet. También puede buscar letreros que anuncien casas en venta (que suelen mencionar al agente vendedor), vea qué nombre aparece con más frecuencia y llame a esa persona.

Tipos de agentes

Casi siempre es injusto encajonar a las personas en tipos, incluso en un grupo, pero cuando se trata de agentes inmobiliarios resulta verdaderamente útil, en especial para quienes compran por primera vez. Así pues, he aquí otras cuatro categorías de agentes que le conviene conocer.

Firmadores de exclusivas. Agentes que viven principalmente de obtener exclusivas. Estas personas rara vez venden las propiedades que firman; simplemente han aprendido cómo hacer que la gente ponga a la venta sus casas. Es probable que no le convenga trabajar con esta clase de agente como comprador primerizo. Si no está seguro acerca de su agente, pregúntele cuántas casas ha firmado en exclusiva durante el año anterior y luego averigüe en cuántas ventas esta persona representó al comprador. Eso deberá darle la respuesta.

Vendedores. Agentes que viven de vender propiedades exclusivas de otros. Tienden a ser afirmativos y muy conocedores. Sin embargo, como comprador primerizo, no le conviene contratar sus servicios porque pueden ser demasiado agresivos para usted. Si un comprador no se decide a comprar en dos visitas, los agentes "vendedores" tienden a pasar a otra cosa. Su estrategia es concentrarse en el comprador más dispuesto a actuar o bien, empujar al comprador a entrar en acción. Este último caso es el que me preocupa, cuando el agente presiona al comprador para que haga una oferta. Como comprador primerizo, eso no es lo que usted necesita.

De tiempo parcial. Personas que tienen su licencia inmobiliaria pero por alguna razón no trabajan de tiempo completo en el negocio. Suelen ser jubilados y consideran el negocio inmobiliario como una forma de complementar sus ingresos sin comprometerse por completo con él. Una proporción importante de todos los agentes inmobiliarios trabajan tiempo parcial. El problema es que una persona que trabaja parte del tiempo en cualquier cosa nunca se vuelve muy buena para eso. ¿Le gustaría viajar en un avión con un piloto de tiempo parcial? ¿Le agradaría tratar con un banquero de tiempo parcial? Entonces, ¿por qué arriesgar una de las adquisiciones más grandes que hará en su vida con un agente de tiempo parcial?

¿No sabe si el agente trabaja parte del tiempo? Pregúntele cuántas horas a la semana dedica a vender inmuebles. Si la respuesta es menos de 50, se trata de uno de tiempo parcial. Si le dice que trabaja por las mañanas, por las tardes o sólo en los fines de semana, cuidado: no es un agente de tiempo completo.

De tiempo completo. Por último, está el agente de tiempo completo. Se trata de una persona que obtiene exclusivas y vende; que asiste a todas las reuniones de ventas y a las reuniones del consejo inmobiliario local (donde se presentan y analizan nuevas propiedades); que trabaja mañanas, tardes, noches y fines de semana; que vive (probablemente muy bien) de todo ello. Ésta es la clase de persona que le conviene como agente.

¿Cómo puede ayudar a su agente a conseguir lo que usted desea?

Una vez que encuentre a un agente con el que esté satisfecho, le conviene ayudarlo tanto como pueda a conseguir justo la casa que desea. No debe ser como la persona enferma que entra al consultorio del médico y, cuando éste le pregunta cuál es el problema, le dice: "Usted es el médico: ¡usted dígame!". Cuanto más pueda ayudar a su agente, más probabilidades tendrá de conseguir pronto la casa apropiada.

Comience por mostrarle su lista de los factores positivos que desea, con las prioridades asignadas. Eso le ayudará a determinar de inmediato qué es lo que busca o, cuando menos, servirá para restringir el vecindario. Después de examinar algunas casas, usted podrá determinar rápidamente cuáles son las características del mercado y reducir su selección de tipos de casa.

No dude en decir a su agente qué es lo que desea. Pedir es una de las formas más seguras de conseguir. Lo mismo se aplica al precio: dígale cuánto es lo que puede pagar (veremos cómo se calcula esto en el capítulo 6), pues ello le ayudará a restringir su búsqueda considerablemente. Pero no olvide que la mayoría de los agentes no confían en las cifras que usted les da, sino que calculan por cuenta propia cuánto es lo que puede pagar, lo cual trae a colación otro punto que preocupa a muchos compradores primerizos: ¿qué tanto debe revelar a su agente acerca de sus finanzas y sus planes de compra?

¿Qué tanto debo decirle a mi agente?

Es necesario que le dé a su agente la información suficiente para que pueda ayudarle eficazmente a conseguir la casa que desea. Esto incluye cierta información financiera básica, como sus ingresos, sus gastos y cualquier historial negativo de crédito que pudiera anular sus posibilidades de obtener un buen financiamiento, así como la cantidad de efectivo con la que cuenta para un enganche. Desde luego, no es necesario elaborar una lista con esta información y entregársela al agente; pero, sobre la base de lo que éste necesita saber, usted no debe retener información. Por ejemplo, quizá busque una casa que requiera un enganche del 20 por ciento. Si la casa cuesta $100,000 y usted sólo tiene $5,000 en el banco, no podrá comprarla. (Algunas propiedades no requieren el pago de un enganche. Vea el capítulo 11.)

Por otra parte, cuando finalmente encuentre una casa, usted se preguntará cuánto debe ofrecer. ¿Debe ofrecer una cantidad cercana al precio solicitado o hacer una oferta más baja? ¿Considera que puede obtener esta propiedad por una bicoca, o tendrá que pagar hasta que le duela? (Si desea más ayuda al respecto, vea el capítulo 7.)

Hasta cierto punto, el agente puede actuar como preceptor suyo en estas cuestiones. Pero, asegúrese de saber para quién trabaja y, si es para la otra parte, no revele cuál es su límite. Además, a menos que usted negocie directamente con el vendedor (algo que no recomiendo para el comprador primerizo), el agente tendrá que tratar de conseguir el precio que usted ofrece. Por consiguiente, a veces es útil un poco de actuación inocente para bien del agente. Por ejemplo, el vendedor quiere $110,000 por la casa y usted está dispuesto a ofrecer $95,000. La agente ve la oferta y arruga la nariz: es casi 15 por ciento inferior al precio solicitado, y será difícil conseguir que se acepte. Así que quizá se vuelva hacia usted y diga: "Usted sabe que es probable que rechacen esta oferta. De ser así, ¿estaría dispuesto a agregar otros $5,000 o $7,000?".

Ahora bien, si es una agente del comprador, y usted está de acuerdo, puede tener una razonable seguridad de que ella no le dirá al vendedor cuáles son sus planes. Pero, ¿qué tanto se esforzará por tratar de vender su oferta de $95,000 si sabe que usted está dispuesto a pagar $102,000? Apostaría que, si acaso consigue alguna rebaja, ¡será de hasta $102,000!

Por otra parte, usted podría decir, "No estoy dispuesto a pagar un centavo más de $95,000. Si no aceptan esa cantidad, tendré que buscar en otra parte". Si usted lo dice con convicción y aparenta hablar en serio, la agente tiene ahora otro conjunto de cartas para jugar. Quizá sospeche que usted está dispuesto a pagar más, pero ¿y si no lo está? Como resultado, sabe que será preferible conseguir que el vendedor acepte su oferta o se acerque lo más posible a ella. En pocas palabras, ya no dispone del "colchón" del caso anterior.

Resumiendo, lo único que trato de sugerir aquí es que prepare adecuadamente a su agente para las negociaciones.

Cómo cambiar de agente

Es importante recordar que su compromiso con su agente es sólo tan fuerte como el servicio que esta persona le proporciona. Si se esfuerza por encontrar propiedades para mostrárselas cada fin de semana, le llama con frecuencia para hacerle saber cuando una nueva propiedad aparece en el mercado y le muestra casas que usted desea ver, por supuesto que debe continuar trabajando con él o ella.

Pero si su agente lo descuida, no llama y no le muestra las propiedades que a usted le agradan (en otras palabras, no le da servicio), no deberá sentirse mal por probar con uno nuevo.

Pero, tenga cuidado: sea leal al agente con quien está trabajando. Al menos déle esa oportunidad. Se puede producir una terrible confusión si sale con un agente el viernes, con otro el sábado y con dos más el domingo por la mañana y por la tarde. ¿Qué ocurre si dos de ellos le muestran la misma casa? Independientemente de quién se encargue de presentar la oferta, el otro puede reclamar que tiene derecho al menos a una parte de la comisión por haberle mostrado primero la propiedad. Una situación así es algo incómoda y lo que menos necesita usted es que los agentes se peleen entre sí en vez de hacerlo por usted.

Así como usted siente lealtad por un agente con quien está trabajando, él o ella desarrollará el mismo sentimiento hacia usted y, cuando llegue el momento de hacer ofertas y contraofertas, esto podría influir considerablemente.

Si un agente no le cae bien, o si se siente descuidado o considera que no está recibiendo el servicio adecuado, no dude en buscar otro. Pero, por su propio beneficio, dé a cada agente con quien trabaje al menos una oportunidad de mostrar su temple.

Capítulo 4

SELECCIONA EL TIPO APROPIADO DE CASA

Algunos compradores primerizos sólo saben que desean una casa unifamiliar, no importa cómo sea; crecieron en una casa, están alquilando una ahora, y sólo eso aceptarán. (Y, sin embargo, aunque usted pertenezca a este grupo, le sorprenderían gratamente algunas de las características de la vivienda "compartida", como expondremos más adelante en este capítulo.)

Otros compradores principiantes son habitantes de apartamentos y sólo conocen el estilo de vida de habitar cerca de otros inquilinos. Si usted pertenece a este último grupo, quizá desconozca si desea una casa unifamiliar aislada o si preferiría continuar en alguna forma de casa compartida.

¿Qué tipo de casa le gustará?

Tan pronto como comience a buscar una casa y a trabajar con un agente, se le preguntará si desea una casa unifamiliar aislada (sólo una casa en un terreno, no unida físicamente a otra) o si está dispuesto a vivir en un departamento en condominio, un condominio o una propiedad horizontal. Una de las razones por las que pregunta es porque las casas unifamiliares son las más costosas. Quizá no pueda pagar una propiedad así en el vecindario que desea. Para vivir en una zona en particular, es posible que tenga que optar por algún tipo de "vivienda compartida" menos costosa. Otra razón es que tal vez prefiera alguna forma de vivienda compartida. Para entender las consideraciones en los diferentes tipos de casa, examinemos cada uno por separado.

¿Qué es una casa unifamiliar aislada?

Es la casa tradicional (véase la figura 4.1). Se encuentra sola en su propio terreno, con patios traseros, delanteros y laterales por separado. Por lo común tiene una cochera o al menos un cobertizo para el auto.

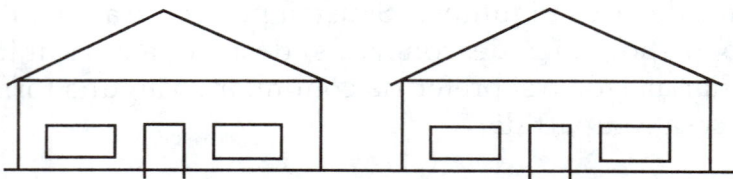

Figura 4.1 Casa unifamiliar

¿Qué es un departamento en condominio?

Éste es un término jurídico que significa, en esencia, que todo lo que está fuera de su casa es propiedad común con otros propietarios. Un departamento en condominio puede ser una unidad de un edificio de 12 pisos que contiene 120 unidades, o podría ser una unidad de un edificio de cuatro unidades (véase la figura 4.2). Es importante entender que lo que aquí se describe es el medio legal de propiedad. Usted tiene un título de propiedad por separado para su unidad (al menos el interior) y un título en común con los otros propietarios del condominio que comprende los muros exteriores, techos, andadores, patios, etcétera.

¿Qué es una cooperativa o propiedad horizontal?

Éste es otro término jurídico; significa que, en vez de tener un título de propiedad correspondiente a su unidad, usted posee acciones en una cooperativa que es

Figura 4.2 Departamentos en condominio

Usted es dueño sólo del "espacio" comprendido entre sus muros exteriores. Puede haber otros departamentos abajo, arriba y a los lados.

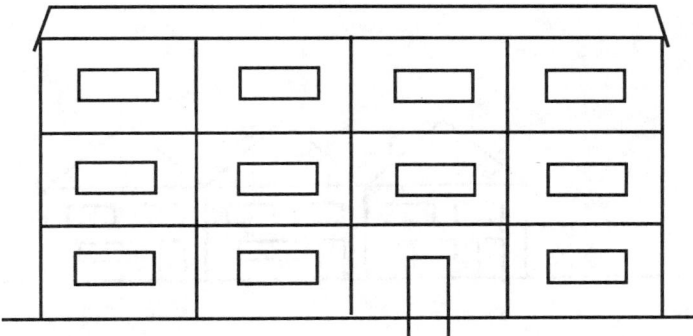

dueña de la propiedad completa pero que le permite vivir en una unidad porque usted es accionista. Bajo esta estructura, la cooperativa es dueña de toda la propiedad, incluso las áreas comunes. Usted puede vender su unidad vendiendo sus acciones. Sin embargo, las cooperativas suelen tener reglas mucho más estrictas acerca de quién puede comprar y quién puede arrendar las unidades.

¿Qué es un condominio horizontal *(townhouse)*?

Éste es un tipo específico de condominio que en los Estados Unidos se conoce como desarrollo unitario planeado *(planned unit development* o PUD). En un PUD, no hay unidades arriba o abajo de la suya, aunque su casa puede compartir muros con otras unidades (véase la figura 4.3). Como propietario de un condominio horizontal, usted es dueño del terreno bajo su unidad y del aire arriba de ella, aunque todos los andadores y áreas comunes se comparten. Esto es importante, porque un PUD o condominio horizontal tiene una densidad de población mucho menor que un condominio de departamentos. En

Figura 4.3 Condominio horizontal

El propietario es dueño del terreno de abajo y del aire de arriba, pero comparte muros y terrenos comunes con los demás propietarios.

consecuencia, el ruido y la congestión suelen ser mucho mayores en un departamento en condominio y menores en un PUD, lo que hace a estos condominios horizontales más deseables y, por lo común, más caros.

Además de los tipos de casas indicadas en este capítulo, en México se usa la modalidad de copropiedad ya sea en casas dobles en un solo predio (casas dúplex) o la compra de un departamento dentro de un edificio no susceptible a convertirse en condominio, por lo que los compradores se convierten en copropietarios de todo el inmueble.

¿Cuáles son las ventajas de "compartir" una vivienda?

Son varias las razones por las que los compradores primerizos en particular encuentran atractivo un departamento en condominio, un condominio o una propiedad horizontal. La primera, que ya hemos visto, es el precio. En una zona determinada cualquiera, una casa compartida de aproximadamente las mismas dimensiones cuesta menos que una casa unifamiliar. (La excepción son la áreas metropolitanas como Manhattan, donde las buenas propiedades horizontales o cooperativas son más costosas.)

Otra razón es que no es necesario ocuparse del mantenimiento exterior. Como en el caso de un departamento, no se requiere cuidar de un patio (aunque los condominios horizontales suelen tener un pequeño patio donde se puede plantar césped o un jardín). Además, no hay que preocuparse porque los vecinos cuiden su propiedad. Al menos por lo que al exterior se refiere, la asociación de condóminos se encarga del mantenimiento del conjunto completo. De hecho, esta falta de mantenimiento y la similitud con la vida en un departamento es lo que atrae a muchos compradores primerizos.

Otro punto a favor son los servicios. Una buena propiedad compartida ofrece facilidades recreativas que a veces incluyen albercas, gimnasio, canchas de tenis o frontenis, pistas para bicicleta, salas de levantamiento de pesas y quizá la opción de alquilar un salón central para fiestas. Esto ofrece toda clase de posibilidades recreativas, incluso la oportunidad de conocer nuevos amigos. En una propiedad bien planificada, la unidad individual está relativamente aislada para conservar la intimidad pero la propiedad en conjunto dispone de muchos servicios que los propietarios pueden utilizar si lo desean.

¿Cuáles son las desventajas de "compartir" una vivienda?

Por otra parte, existen varios inconvenientes. Históricamente, los precios de las viviendas compartidas (con ciertas excepciones, como las mencionadas de la ciudad de Nueva York) han sido siempre más bajos que los de las casas unifamiliares aisladas. En parte esto se debe a que cuesta menos construir un condominio o propiedad horizontal, y las unidades mismas ocupan menos espacio en un terreno valioso.

Sin embargo, un punto que no suelen mencionar quienes venden este tipo de viviendas es que simplemente no han aumentado de precio tanto como las casas unifamiliares. En una recesión, es característico que los condominios sean los primeros en perder el interés de los compradores, y en una expansión económica, son los últimos en venderse. En pocas palabras, a lo largo de los últimos 20 a 30 años, las viviendas compartidas han sido consideradas menos deseables que las casas unifamiliares y, en consecuencia, su precio ha experimentado un menor aumento y su reventa, una mayor lentitud.

Una razón para ello es que los inversionistas siempre han adquirido porciones significativas de los nuevos desarrollos en condominio para luego alquilar sus unidades. El resultado es que, en algunos desarrollos, hasta el 50 por ciento de las unidades se alquilan. Puesto que los inquilinos no tienen un interés real en la propiedad, tienden a no cuidar tan bien las unidades como los propietarios, y esto tiende a reducir el valor general de la propiedad en el desarrollo.

Aun así, durante la última recesión, cuando los precios de los inmuebles cayeron en picada en casi todo Estados Unidos, hubo una crisis entre los inversionistas, muchos de los cuales habían hipotecado sus condominios hasta el cuello en previsión de una reventa rápida con una buena utilidad. Muchos perdieron sus unidades en condominio por ejecución de juicio hipotecario, en tanto que otros simplemente vendieron a precios mínimos. En consecuencia, en muchos desarrollos inmobiliarios la proporción actual de inquilinos a propietarios ha cambiado de manera significativa. La presencia de menos inquilinos y más propietarios ha vuelto más deseables estas propiedades.

Otro punto en contra de los condominios en comparación con la casa unifamiliar es la densidad demográfica: al igual que en un edificio de departamentos, se tiene una gran cantidad de personas que viven en relativa proximidad. El ruido puede ser un problema, y encontrar estacionamiento se convierte a veces en un dolor de cabeza. Además, hay una asociación de condóminos (AC, o HOA, por sus siglas en inglés) que parece estar imponiendo siempre innumerables reglas de conducta, lo que puede resultar una verdadera carga para el propietario.

Otro problema potencial es que si uno de los propietarios del condominio se enoja con la asociación de condóminos, puede interponer una demanda y si la demanda prospera, los propietarios pueden tener que pagar los costos. Pertenezco a la AC de un condominio que recientemente perdió $100,000 en una demanda de propietario respecto a dónde se podía estacionar un vehículo comercial. La asociación era responsable de la pérdida, lo que significa que sus 350 miembros tuvieron que compartirla. Por fortuna, una póliza de seguro se hizo cargo de los costos, pero no siempre ocurre así.

Por último, en una vivienda compartida, nunca se consigue la sensación de "Mi casa es mi castillo" que se tiene en una casa unifamiliar aislada. Usted no puede salir al patio y golpear el muro, instalar un columpio o pintar su puerta principal (por fuera) sin permiso (que a veces no se concede) de la asociación. Para muchas personas esta clase de restricciones son tan asfixiantes que se niegan a vivir en propiedades compartidas.

¿Qué se revende mejor?

Como ya hemos señalado, tomar en cuenta el potencial de reventa en el momento de la compra es muy importante si se desea tener una utilidad al venderla. En el capítulo 2 hablamos de lo que es deseable en una casa; ahora sugiero considerar también el valor de reventa. En otras palabras, ¿cuáles son las características que busca la mayoría de los compradores?

Es un hecho que ciertas características de una casa pueden hacer que su reventa posterior sea más o menos difícil. Recuerde, adquirir ahora la clase equivocada de casa podría convertirse en un problema más adelante.

Si bien el gusto del público cambia en cuestión de vivienda, conviene buscar las características que se enumeran a continuación, las cuales significan una gran diferencia cuando llega el momento de revender.

Características más deseables en una casa

Tamaño de la casa. Hubo un tiempo en que la única regla respecto al tamaño de una casa era: "¡Cuanto más grande, mejor!". Pero, a medida que las familias modernas se han hecho más pequeñas y el precio de las casas grandes ha aumentado, las cosas han cambiado. Aunque todavía es difícil vender una casa pequeña, en la actualidad también se dificulta la venta de una muy grande. Una casa de tamaño mediano, por lo general entre 1,500 y 2,000 pies cuadrados (135 y 180 metros cuadrados) se revende más rápidamente en casi cualquier vecindario.

Desde luego, hay excepciones. En áreas metropolitanas donde los costos son astronómicos, una propiedad horizontal pequeña, de 800 pies cuadrados (72 metros cuadrados) se revendería al instante, en tanto que una unidad de 2,000 pies cuadrados (180 metros cuadrados), mucho más cara, podría languidecer en el mercado. Por otra parte, en ciertas zonas muy costosas, una casa de 3,500 pies cuadrados (315 metros cuadrados) podría salir de inmediato (porque eso es lo que la gente espera cuando paga más de $500,000 por una casa), en tanto que por una pequeña, de 1,800 pies cuadrados (162 metros cuadrados) quizá no se reciba una oferta en meses enteros. En resumen, busque una casa mediana a menos que esté en un mercado que demande un tamaño diferente.

Por cierto, un agente casi siempre podrá decirle la superficie de una casa y después de buscar durante un tiempo, usted podrá calcularla bastante bien por cuenta propia.

Tamaño del terreno. Esto en realidad sólo se aplica a una casa unifamiliar. Algunas personas desean un terreno grande con "espacio para vagar". Sin embargo, el problema con un lote así es el mantenimiento: hay césped que cortar, arbustos que podar y hojas secas que barrer, además de una cuenta de agua más elevada. De manera que, si bien algunas personas prefieren un terreno grande, en la mayoría de los casos no es así. De hecho, es más difícil vender una casa con un terreno muy grande que una con uno de tamaño promedio.

¿Cuánto es grande y cuánto es promedio? Mucho depende de lo que se acostumbre en el vecindario. Sin embargo, un terreno representativo en los suburbios tiene entre 5,000 y 10,000 pies cuadrados (450 y 900 metros cuadrados). Cualquier terreno de más de 10,000 pies cuadrados (aproximadamente un cuarto de acre o 900 metros cuadrados) se considera demasiado grande (excepto en vecindarios de muy alto costo).

Recámaras y baños. La regla aquí es ni pocos ni demasiados. Si puede evitarlo, nunca compre una casa con un solo baño. La mayoría de las personas consideran dos baños, incluso si uno es sólo un "medio baño" (sin tina ni ducha), como una necesidad. Después de todo, ¿qué hacer si dos personas necesitan usar el baño al mismo tiempo y sólo hay uno?

Más de dos baños es algo conveniente pero no necesario, y con frecuencia sólo eleva el costo. Desde luego, en casas muy caras, el número de baños muchas veces es tan sólo una medida de la posición social.

El número ideal de recámaras es tres, aunque en un conjunto de viviendas compartidas con frecuencia hay que conformarse con dos. El diseño es así: hay una recámara principal (con su baño obligatorio), una recámara para niños y otra recámara, también para niños o para invitados. Por supuesto, si usted no tiene hijos, esto quizá no sea importante, pero cuando llegue el momento de revender, es probable que lo sea para el comprador. Casi todos los padres prefieren poner a cada hijo en su propia recámara o, si son más de dos, separar a los varones de las niñas. Por eso resulta funcional tener tres recámaras.

Cuatro recámaras está bien para familias más grandes, pero con frecuencia los constructores ponen las cuatro en el mismo número de pies o metros cuadrados en que ponen tres, lo que significa que son más pequeñas.

Tamaño de las habitaciones. Las habitaciones grandes siempre son mejores. Busque en particular una recámara principal grande, un salón familiar grande, un área de buen tamaño para tomar alimentos fuera de la cocina y una cocina lo bastante grande para trabajar en ella. Aunque los baños enormes (en particular el baño principal) se han puesto de moda, pienso que el tamaño del baño principal no es una característica tan vital en el momento de vender. Tampoco lo es el tamaño de las otras recámaras y del comedor, aunque los compradores se darán cuenta de si es particularmente pequeño. Puesto que la mayoría de las personas pasan gran parte de su tiempo en casa en el salón familiar, éste suele ser más importante que la sala, aunque una sala grande da una mejor "impresión" de la casa.

Características modernas. Con frecuencia, lo que distingue a una casa "restaurable" de una refinada en la mente del comprador son los accesorios de la cocina y el baño. Los accesorios modernos y de buen aspecto, como lavabos, grifos, hornos y cubiertas de lavabos, son algo obligado. Si adquiere una casa sin aditamentos modernos, haga planes para instalarlos por su cuenta antes que llegue el momento de revender. No sólo recuperará todo su dinero (suponiendo que hizo un buen trabajo) en un precio más alto, sino que la casa se venderá con más rapidez.

Diseño. Es necesario que el diseño de una casa armonice con el vecindario. Procure encontrar una casa que complemente el vecindario, no que se oponga a él.

Condiciones. Éste es un aspecto relevante que trataremos en el capítulo 9 al comentar la inspección de una casa. No obstante, las condiciones en que se encuentre la propiedad tendrán un papel crucial al momento de revender. Un techo desgastado puede anular una venta o costarle dinero (mucho) en reparación o remplazo. Los cielorrasos y muros sucios, las puertas maltratadas, todo esto es importante para el comprador. Por esta razón en ocasiones es mucho más fácil comprar una propiedad nueva (de menos de diez años) que una más antigua. Sencillamente tiene menos problemas; está en mejores condiciones.

Existen, desde luego, otras características importantes, como el flujo del tránsito en el interior de la casa, qué tan bien se ve la entrada y el "atractivo de banqueta", o el atractivo de la casa para el comprador potencial cuando éste se estaciona por primera vez frente a ella.

Una buena regla práctica es recordar que lo que a usted le parece muy agradable respecto a la casa probablemente será igualmente atractivo para la mayoría de los compradores. De manera similar, lo que usted encuentra indeseable también lo será probablemente para los demás.

Esto se traduce a "Se recibe aquello por lo que se paga". Las propiedades de más bajo precio suelen tener problemas. Usted puede estar dispuesto a aceptar el problema con tal de pagar un precio menor. Sin embargo, el mismo problema (a menos que pueda corregirlo de alguna manera) significará un precio más bajo más adelante, en la reventa.

Capítulo 5

CÓMO ELEGIR LA MEJOR UBICACIÓN

En cierto sentido, encontrar la ubicación correcta es fácil. Puesto que todo mundo la desea, es lógico pensar que la mejor ubicación es la más costosa, así que simplemente busque el vecindario más caro de la ciudad y estará en ella.

Pero, como veremos en el capítulo siguiente, muchos de nosotros sencillamente no podemos costear el "mejor" vecindario. Así que, en vez de desear lo que no podemos tener, echemos un vistazo a lo que realmente podemos obtener en un vecindario.

¿Puede ayudar un agente?

La búsqueda de su primera casa puede ser suficientemente difícil sin que sea necesario repetir lo que otros ya han hecho. (No es preciso inventar otra vez la rued por así decirlo.) Por consiguiente, le sugiero que piense en trabajar con un agente desde un principio. (Regrese al capítulo 3 si no está seguro de cómo encontrar uno.) El agente, se supone, ya ha pasado años aprendiendo todo respecto a los distintos vecindarios de la comunidad que usted está considerando. Todo lo que necesita hacer es manifestarle algunos datos y cifras importantes respecto a sus ingresos, disponibilidad de efectivo y crédito, y él o ella deberá poder determinar rápidamente (de forma aproximada) el precio máximo que puede pagar por una casa. (No acepte simplemente la palabra del agente; calcúlelo usted mismo, como se explica en el capítulo siguiente.) Después, el agente le mostrará todos los vecindarios que se ajustan a esta condición.

Nota: por lo general puede suponer que estará en condiciones de pagar un precio alrededor de cinco por ciento mayor que el que el agente (o usted después de leer el capítulo siguiente) calcula que puede pagar. La razón es que es probable que no pague el precio total, sino que consiga que el vendedor le rebaje alrededor de ese cinco por ciento. Pero recuerde, esto es sólo una regla general, así que no espere que funcione siempre a la perfección. Algunos vendedores no ceden al regateo.

¿Desea un vecindario muy seguro?

Si el agente con el que usted trabaja es honesto, una de las preguntas que le formulará concierne a la seguridad. ¿Qué prioridad tiene para usted un vecindario seguro?

Si usted proviene de una zona rural o del campo, esta pregunta puede parecerle extraña, pero si es un habitante de ciudad, es algo que estará presente, muy cerca del número uno en términos de prioridad.

Existen muchas formas de medir la seguridad de una comunidad. Es probable que el indicador más preciso sea el número de delitos que se cometen cada año. Esta información está disponible en diversas fuentes, como ciertas cámaras de comercio (por lo común sólo las comunidades con registros que indican mayor seguridad ponen esa información a disposición del público). Estas estadísticas también suelen desglosarse en términos de robos a mano armada, homicidios, robos a casas habitación, etcétera.

Los agentes inmobiliarios que manejan casas de diversos vecindarios todos los días pueden decirle casi siempre, sin más, cuáles son los más seguros. No obstante, tienen particular cuidado de no recomendar o desacreditar ningún vecindario si sus palabras pueden ser interpretadas como influidas por un prejuicio racial. Por tanto, cuando pregunte, sea específico: usted necesita saber cuáles vecindarios tienen las tasas de criminalidad más bajas, no cuáles están "lejos del gheto o los barrios bajos".

Se puede argumentar que en la actualidad no hay vecindarios realmente seguros. Parece haber crímenes por doquier. Ciertos vecindarios, no obstante, son más seguros que otros, y un buen agente deberá poder indicarle esto. Pero la seguridad tiene un precio y, por lo general, los vecindarios más seguros son también los más costosos.

En las principales ciudades de México, por ejemplo, se está volviendo una modalidad la existencia de calles cerradas y con vigilancia.

Esta modalidad debe considerarse con cuidado en cuanto a la compra de una casa en una calle o colonia así, ya que por una parte otorga mayor control en la seguridad pública de la zona, pero también implica un gasto extra, en virtud de que esa vigilancia la pagan los vecinos que la disfrutan.

El deterioro de los suburbios

Todos hemos oído hablar del deterioro urbano, que se produce cuando los edificios y vecindarios del centro urbano envejecen, la gente "bonita" se muda y se quedan quienes no tienen los medios para mudarse o no son gente tan "bonita". Pero casi nadie se da cuenta de que lo mismo está ocurriendo en los suburbios.

El problema es que los constructores hacen casas con un horizonte de 30 a 40 años y esto significa que aquellas construidas a fines de los años cuarenta, en los cincuenta y a principios de los sesenta se están deteriorando y han decaído en la actualidad. Además, estas primeras viviendas suburbanas solían ser pequeñas (de alrededor de 1,200 a 1,500 pies cuadrados, o 108 a 135 metros cuadrados) según las normas modernas y no disponían de muchas de las características (dos baños completos) que la mayoría de las personas desea en la actualidad.

En consecuencia, muchas ciudades experimentan una criminalidad suburbana y un deterioro social que antes sólo se encontraba en el centro de la ciudad. Por desgracia, estas zonas son también las más cercanas y económicamente accesibles.

El resultado de lo anterior es que a los compradores primerizos se les advierte del riesgo que representa recurrir simplemente a los suburbios como panacea. Muchos están tan plagados de criminalidad y problemas sociales como solían estar los centros urbanos. De hecho, algunos de éstos viven ahora un renacimiento que los hace más deseables que los suburbios.

En síntesis, no estreche sus miras en cuanto a lo que está dispuesto a considerar en términos de ubicación y no considere sólo los suburbios. Podría estar cometiendo el error de adquirir las zonas buenas del pasado.

¿Deben ser las escuelas un factor importante?

Existen dos perspectivas en lo tocante a las escuelas, que dependen de si se tienen hijos en edad escolar o no.

Quienes los tienen comprenden la importancia de las buenas escuelas y están dispuestos a mudarse a vecindarios donde éstas sobresalen. A quienes no están en ese caso les importa un comino esa cuestión y están contentos de vivir en zonas donde las escuelas son terribles, algo afortunado para ellos sólo porque las casas en vecindarios con malas escuelas suelen ser mucho más baratas.

En la actualidad, en mi opinión (que comparten algunos otros), el ingrediente individual más importante para determinar el valor de la vivienda a largo plazo en un vecindario es la calidad de sus escuelas. Una y otra vez he visto vecindarios que en un principio son similares en todos sentidos, excepto en lo que respecta a sus escuelas. Aquéllos cuyos residentes contribuyeron con bonos para ayudar a sus escuelas vieron elevarse considerablemente el valor de la propiedad. Por otro lado, aquéllos donde las escuelas se deterioraron porque los bonos escolares rara vez o nunca fueron aceptados tendieron a experimentar un aumento muy lento en el valor de la propiedad, y en algunos casos, incluso una baja. La mayor diferencia no era el tamaño de las casas o la ubicación general del vecindario residencial, sino la calidad de las escuelas.

Si usted tiene niños o piensa tenerlos, este factor debe ser muy importante. Pero, incluso si no piensa tenerlos, le conviene tomarlo en cuenta pues así recibirá más por su casa cuando la venda. Recuerde que si está dispuesto a aceptar distritos con escuelas de calidad inferior, un agente le podrá mostrar de inmediato vecindarios con precios más bajos donde conseguirá más fácilmente una propiedad dentro de sus posibilidades. Pero tendrá que pagar por esto cuando llegue el momento de vender y se encuentre con que su casa no ha subido mucho de valor.

Por cierto que, si bien contar con buenas escuelas es importante, también es agradable estar ubicado cerca de la escuela para que los niños puedan llegar caminando a ella. Estar cerca de una parada del autobús es la alternativa que le sigue en preferencia.

No obstante, evite una ubicación directamente frente a la escuela, pues tendrá ruido y multitud de chiquillos en su jardín delantero todo el año, excepto en el verano.

¿Qué importancia tienen las tiendas?

Mucho depende de si tiene usted auto o no. Si es un citadino que depende del transporte público, tener cerca una tienda de abarrotes, una farmacia o una ferretería puede ser crucial. Puesto que tendrá que cargar todo lo que compre (o al menos llevarlo en un carrito), tener tiendas cerca es una consideración importante.

Sin embargo, si vive en los suburbios y tiene automóvil, la cercanía de tiendas es mucho menos importante. En California, por ejemplo, los compradores de casas, tanto primerizos como experimentados, rara vez preguntan al respecto; simplemente dan por hecho que tendrán que conducir unos veinte minutos o más para llegar a ellas. (Es muy poco frecuente que los centros comerciales estén a más de 20 minutos de cualquier vecindario. Pero no es mala idea preguntar, por si acaso.)

Si la cercanía de tiendas es importante para usted, no olvide destacar ese hecho ante su agente para que tenga mejores posibilidades de conseguir lo que desea.

¿Desea transporte público cercano?

Una vez más, para los lectores urbanos éste es un factor importante. Si piensa vivir en o cerca de Boston, por ejemplo, es probable que desee tener la seguridad de estar cerca de una estación del MTA. De otra manera, entrar y salir de la ciudad podría ser un problema a causa del congestionamiento de las calles y la escasez de estacionamiento.

Por otra parte, si vive en Phoenix, Arizona, le conviene asegurarse de estar cerca de una de las autopistas. En caso contrario, pasará mucho tiempo en calles comunes tratando de cruzar de un lado de la ciudad a otro, algo que, si viaja todos los días, podría ser muy pesado. En el área de la bahía de San Francisco, algunos viajeros cotidianos tienen que hacer un recorrido de dos horas desde Stockton todos los días, así que desean estar seguros de que no tendrán que agregar otros 15 minutos para entrar y salir de la rampa de acceso.

Un amigo mío se mudó recientemente a Palos Verdes, una comunidad deseable a la orilla del mar cerca de Los Ángeles. Sin embargo, tenía que viajar todos los días a Ventura, una distancia por autopista de alrededor de una hora y cuarto durante las horas de menos tránsito. (Las distancias de viaje se dan ahora en tiempo, más que en millas o kilometros; es más exacto, dada la situación del tránsito en casi todas partes.) Sin embargo, mi amigo no se dio cuenta de que el acceso a las autopistas era deficiente en Palos Verdes, y tenía que conducir en calles comunes de 20 a 25 minutos antes de entrar a la autopista, lo que incrementaba considerablemente el tiempo de viaje. Si hubiera pensado en ello antes, quizá habría elegido vivir más cerca de su trabajo.

¿Qué hay respecto a vivir cerca de familiares y amigos?

Es importante recordar que, si bien la compra de su primera casa no es una propuesta para toda la vida (recuerde, casi todo el mundo se muda a los siete o nueve años), sí es de largo plazo. En cambio, las relaciones con las personas, sufren altibajos. Aunque ahora esté en los mejores términos con sus parientes y le encante salir con sus amigos, ¿qué va a ocurrir si compra cerca de ellos y la relación se deteriora? ¿Qué sucede si en un año o dos usted ya no desea tener más tratos con ellos, pero viven al otro lado de la calle?

Le sugiero que reconsidere si ha dado a este punto una alta prioridad. Es preferible que se interese más en conseguir buenas escuelas y un vecindario seguro. Siempre podrá conducir 20 minutos más para ver a la tía Hilda o a su hermano Jaime, o a Tomás y Luisa.

¿Qué ubicación debe buscar dentro de un vecindario?

Supongamos que ha elaborado una lista de prioridades, ha salido con un agente y ha localizado el vecindario perfecto. Es relativamente seguro, no demasiado caro, cerca del acceso a la autopista y del transporte público; en pocas palabras, es ideal. Ahora, ¿hay algo especial que deba considerar respecto a las casas de ese vecindario?

Sí, sin duda. En un capítulo posterior examinaremos la casa misma, pero, por ahora, analicemos su ubicación específica. Ciertas ubicaciones de casa dentro de un vecindario se consideran más deseables, en tanto que hay otras que conviene evitar.

Terreno en esquina. Como comprador primerizo, quizá haya oído decir que un terreno en esquina es más deseable porque casi siempre es más grande que los circundantes. Es cierto, es más grande. Pero es *menos*, no *más*, deseable por dos razones: primero, un terreno en esquina tiene dos patios delanteros (uno frente a cada calle), y un patio trasero más pequeño (la casa se "envuelve" en torno al terreno y deja menos espacio en la parte trasera). Eso significa que usted tendrá que pasar más tiempo en su patio delantero "público" podando el césped y recortando los setos, y tendrá menos espacio para disfrutar en privado en su patio trasero, que es más pequeño. En síntesis, una casa en esquina ofrece más trabajo con menos recompensas. Además, hay tránsito que pasa en un sentido y otro no por una, sino por dos calles, lo cual significa más ruido, más congestión y, en pequeña medida, menos seguridad.

Por consiguiente, la mayoría de las personas prefieren *no* tener una casa en esquina. No se disfruta tanto mientras se vive en ella y se tienen más problemas para venderla.

Terreno en cuña. Un terreno en cuña es aquel que colinda con un terreno de esquina por un lado en ciertos terrenos (véase la figura 5.1). De tal forma, en tanto que otros terrenos tienen dos patios laterales y sólo el patio trasero de otro terreno colinda con ellos, el de cuña tiene un solo patio lateral y dos patios traseros colindantes.

Figura 5.1 Terreno en cuña

La parte trasera y al menos un lado colindan con la parte trasera de otros lotes.

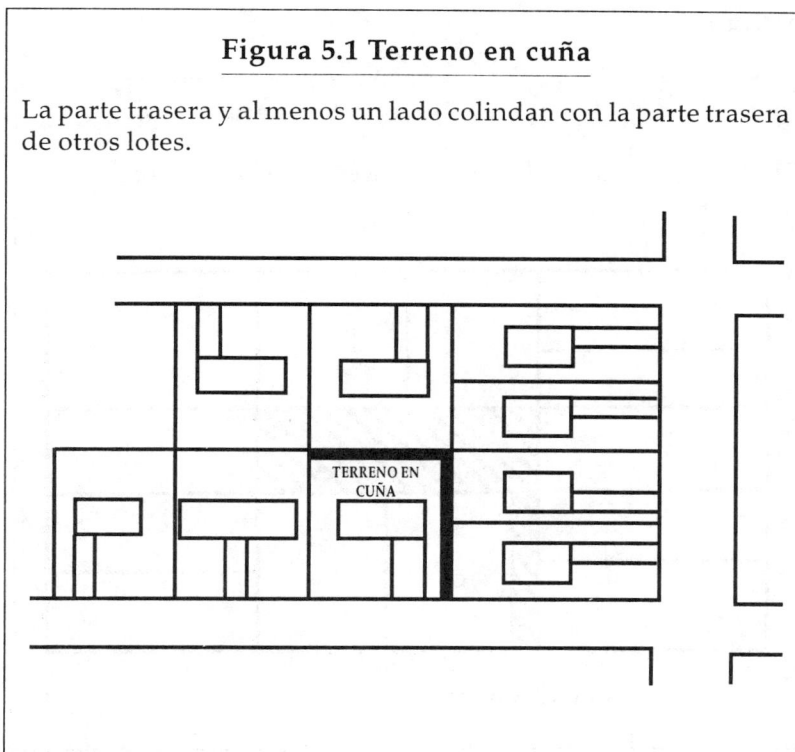

TERRENO EN CUÑA

Algunas personas ni siquiera saben que se trata de un terreno en cuña, mientras que otras evitan comprar uno. El único problema real se presenta en el momento de vender, pues es probable que se consiga un precio inferior al de otros terrenos normales.

Terreno bandera. Un terreno bandera se parece a un asta con una bandera en la punta (véase la figura 5.2). El asta es la entrada para auto y la bandera es el terreno. Éste está rodeado por todos lados, excepto la entrada para auto, por la parte trasera de otros terrenos. Usualmente su razón de ser es que en una manzana irregular quedó un área vacía en el centro después de hacer la división de todos los terrenos. El constructor, en vez de convertirla en un parque en común, decidió sacar unos cuantos dólares de utilidad instalando una entrada para auto entre dos terrenos normales para proporcionar acceso y lo vendió.

Figura 5.2 Terreno bandera

Encerrado, con acceso sólo por una entrada angosta para auto.

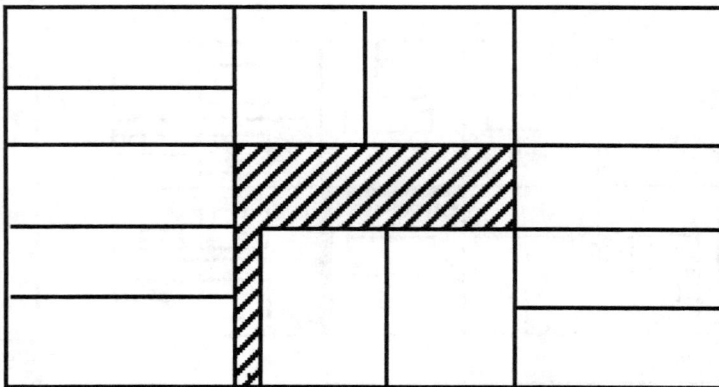

TERRENO BANDERA

Los terrenos bandera son más baratos (porque son mucho menos deseables) y, cuando llega el momento de la reventa, resulta muy difícil deshacerse de ellos. No ceda a la tentación de su bajo precio pues podría pasarse años tratando de revenderlo, a un precio igualmente bajo.

Cinturones verdes. Ciertas comunidades se construyen con áreas comunes en torno a las casas. Se trata de cinturones verdes que suelen contener andadores y caminos para bicicleta. Un cinturón verde debe considerarse como un activo valioso y casi seguramente aumentará el precio de la casa; también hará más fácil su venta más adelante y sin duda usted podrá obtener un mejor precio por ella. Si tiene opción, busque un vecindario con cinturones verdes.

Gancho. Muchos vecindarios tienen un "gancho", lo que puede ser bueno o malo. Por ejemplo, un tipo de gancho es un centro comunitario con alberca y gimnasio disponibles para todos los condóminos mediante una asociación de los mismos. El gancho se considera un punto a favor, ayuda a elevar el precio de la propiedad en el momento de la reventa y a venderla con mucha más facilidad.

Por otro lado, ciertos vecindarios tienen ganchos que los hacen bajar. Por ejemplo, un vecindario colindante con un predio industrial es una desventaja, que se duplica si dicho predio produce emanaciones nocivas. Si el predio es por casualidad un tiradero de desechos tóxicos, es probable que usted tenga que olvidarse de vender alguna vez la propiedad. (Así que no se deje seducir por su precio increíblemente bajo.)

Procure determinar cuál es el gancho del vecindario que esté considerando. A continuación, pregúntese si éste levanta el lugar o lo arrastra hacia abajo. Si es un inconveniente suficientemente importante, es preferible no comprar ahí.

Terreno *vs* casa. Otro factor relevante es la relación entre la superficie que la casa ocupa y el tamaño del terreno. Si usted tiene una casa grande en un lote pequeño (el caso común donde el terreno es caro), el mantenimiento de su patio será mínimo. Ahora bien, si tiene un lote muy grande con una casa de tamaño medio en él (como suele ocurrir en el campo), tendrá que darle mucho mantenimiento. El mantenimiento extenso es costoso (cuando es preciso contratar un jardinero) o exige mucho tiempo y esfuerzo cuando usted se encarga de él. Con un terreno grande con jardines o prados al frente y atrás, haga planes para pasar al menos una mañana de cada fin de semana dándole mantenimiento para conservarlo como debe ser. Ésta puede ser una reflexión muy moderadora para quien ha vivido los últimos años en un departamento y los fines de semana estaba libre por completo del trabajo de mantenimiento.

¿Qué debo buscar en la ubicación de un departamento en condominio?

En términos de la ubicación general del conjunto, se aplican las mismas reglas que para una casa unifamiliar (ya descritas). Sin embargo, se requieren ciertas consideraciones adicionales en relación con la ubicación de su unidad dentro del conjunto.

¿Alto o bajo? Ciertas personas, en particular mujeres que viven solas, prefieren habitar en el piso más alto de un edificio de dos o tres pisos, o en los pisos superiores de un edificio más alto. Esto es por razones de seguridad, pues es poco probable que un ladrón se atreva a trepar por las ventanas a ese nivel.

Vivir en un piso alto también es conveniente a causa del ruido: sencillamente, hay menos ruido arriba que abajo. Si las personas que habitan abajo saltan sobre el piso, usted no las escuchará, pero si las que viven arriba se ponen a saltar, ¡se enterará de inmediato!

Ubicación con poco ruido. Además de los pisos altos, ciertos lugares son más tranquilos que otros: las ubicaciones lejos de la calle o del estacionamiento, de las áreas de lavadoras y de la alberca o de la zona recreativa al aire libre; las unidades que están en una esquina del edificio (y no encerradas entre otras dos); y las que están aisladas de otras por tener una cochera o un área abierta entre ellas.

La cuestión es, por supuesto, ¿cómo saber qué tan tranquila es una unidad específica del conjunto? Por desgracia, no lo sabrá hasta que viva ahí, o hasta que la evalúe a fondo. Antes de comprar, es altamente recomendable visitar el condominio a diversas horas: a la siete de la mañana, a la hora de la cena y más avanzada la noche, al menos una vez entre semana y otra en el fin de semana. Esto le dará una idea bastante buena de las condiciones existentes en cuanto a ruido.

Por cierto, no se preocupe por que los propietarios se sientan incómodos por sus visitas. Si desean vender, simplemente tienen que tolerarlas. (Lo mismo tendrá que hacer usted cuando llegue su momento de vender.)

Vista de la unidad. Muchos conjuntos en condominio tienen algunas unidades que miran hacia el estacionamiento, en tanto que otras tienen la vista de una montaña o lago. Si tiene opción, tome la que tenga mejor vista. Además de disfrutarla mientras habite ahí, en el futuro podrá venderla más rápidamente y por más dinero.

¿Conviene comprar directamente de una constructora?

Hasta ahora hemos supuesto que un agente inmobiliario lo acompaña a examinar diversos vecindarios que se ajustan al precio que usted desea y a su lista de prioridades. Suponga ahora que descubre que hay un vecindario con casas nuevas en el cual le gustaría vivir. ¿Debe tratar directamente con la empresa constructora?

La respuesta en este caso tiene que ser sí y no. No olvide que las constructoras tiende a ser más bien inflexibles en cuanto al financiamiento y al precio. Si trata con ellas, tendrá que hacer su negociación personalmente. Si trata con su vendedor, con frecuencia esta persona no estará viendo por los intereses de usted. En resumen, podría terminar gastando más dinero del que desea al elegir un conjunto con casas nuevas.

Por otra parte, las casas nuevas en áreas buenas tienden a aumentar de precio más rápidamente que las casas más antiguas en la misma zona. La razón es sencilla: todo el mundo prefiere una casa nueva, así que, aunque quizá su costo sea mayor inicialmente, es probable que no sólo aumente de precio con más rapidez, sino que además se pueda vender muy pronto.

Una alternativa es conseguir que un agente inmobiliario se encargue de negociar con la constructora. Es frecuente que éstas, en particular en un mercado lento, estén dispuestas a pagar la comisión de un agente inmobiliario para conseguir clientes. Examine las casas usted mismo, pero luego haga que el agente plantee la oferta.

Precaución: si usted "firma el registro" cuando ve por primera vez una casa nueva (muchas constructoras tienen una hoja de registro a la entrada de la puerta principal), podría estar anulando la oportunidad de que un agente lo represente. Al firmar, da aviso de que la constructora es quien lo trajo como cliente, no el agente, y la misma podría rehusarse a pagar una comisión a éste (lo cual depende del convenio de exclusiva), incluso si él es quien presenta su oferta. Recuerde, no está obligado a firmar cuando visita casas nuevas.

Tenga cuidado con las casas sin terminar en desarrollos incompletos

Las constructoras especulativas —que construyen sin haber vendido previamente la propiedad— desean encontrar compradores tan pronto como sea posible. Por tanto, suelen comenzar a vender tan pronto como la propiedad se subdivide, a veces incluso antes de hacer las calles e introducir los servicios. Piden, por ejemplo, sólo un pequeño depósito (unos $250) para apartar un terreno, o quizá soliciten $2,500 para apartar una construcción terminada a medias.

Nada tiene de malo poner dinero antes de que se termine el desarrollo o la casa, siempre y cuando se termine. Sin embargo, muchas veces he visto urbanizadores que construyen más sueños que casas. Las propiedades no se venden con la rapidez que se previó y la constructora se queda sin dinero. La construcción se detiene, con muchas casas semiterminadas. Si eso ocurre, es posible que usted pase muchos meses alegando con abogados para recuperar su dinero.

De manera similar, hasta que el desarrollo, sección, condominio completo o lo que sea no esté terminado, usted no sabrá realmente cuál va a ser su aspecto. Los parques y áreas comunes que se muestran en dibujos pueden resultar mucho menos atractivos cuando se construyen en la realidad. Lo que es peor, si la constructora se queda sin dinero, la mitad de la sección (en la cual usted vive) podría estar terminada, mientras que la otra quizá quede como un páramo de muros desnudos, plomería tosca y calles sucias durante meses o incluso años. No será un lugar agradable para vivir, y sería prácticamente imposible revender su casa.

Busque casas terminadas. Acaso tenga que esperar y le cueste un poco más, pero se podría ahorrar una fortuna en dolores de cabeza.

Capítulo 6

CÓMO HACER PARA PAGAR TU PALACIO

El problema es que, aunque la mayoría de las personas (incluso muchos que viven ahí) no se pueden dar el lujo de vivir en Beverly Hills, casi todos deseamos tener una casa ahí. Por consiguiente, encontrar una casa suele ser un término medio entre lo que deseamos y lo que podemos pagar.

En los dos capítulos anteriores examinamos en detalle el tipo de casa que la mayoría de las personas desean y dónde desean que esté ubicada. En éste vamos a recibir una dosis de realidad. Vamos a averiguar qué es lo que podemos pagar.

No olvide que la razón por la que con tanta frecuencia hay una discrepancia entre lo que se puede pagar y lo que es deseable es que los bienes raíces son muy caros. Es el alto costo de la vivienda lo que suele obligarnos a aceptar un término medio en cuanto a nuestros deseos, con el propósito de satisfacer nuestro bolsillo.

Pero la casa de sus sueños puede estar más cerca de hacerse realidad de lo que usted piensa. De hecho, por lo general resulta que casi todo el mundo puede pagar una casa mejor de lo que cree.

Alístese en las filas de la hipoteca

Supondré que usted no es uno de los pocos afortunados que pueden pagar su casa en efectivo. (Estadísticamente, menos del 10 por ciento de todas las ventas de viviendas se hacen realmente en efectivo.) Eso significa que tendrá que pedir prestada la mayor parte del dinero que empleará para comprar su primera casa, y se unirá a las filas de los millones de individuos que tienen que hacer pagos mensuales de una hipoteca.

La verdadera pregunta es ahora qué tan grande es la hipoteca que usted puede pagar. Y todo se reduce al pago mensual: cuanto mayor sea, más grande será la hipoteca y, cuanto mayor sea la hipoteca, más costosa será la casa que usted podrá comprar.

Existen dos maneras de determinar el tamaño de la hipoteca que puede pagar, y ambas son válidas: el primer factor limitante es el monto de la hipoteca que el banco está dispuesto a concederle. El segundo es el tamaño del pago hipotecario que usted siente que puede solventar. Ocupémonos de este último primero.

¿De qué tamaño es el pago hipotecario que puede solventar?

Cuando se les pregunta qué pago mensual por una casa sienten que podrían solventar, casi todos los compradores primerizos piensan en lo que están pagando de alquiler y usan esa cantidad como base. Por ejemplo, si usted paga $500 al mes de alquiler, quizá piense que podría pagar $500 mensuales por una casa que sea suya. El problema es que el pago de un alquiler no se traduce necesariamente de manera directa a un pago hipotecario.

La razón es que, cuando usted adquiere una casa, tendrá que pagar cada mes más que simplemente el capital y el interés de su hipoteca. También habrá de pagar impuestos, seguros de propietario (por supuesto que, como inquilino, quizá también ha estado pagando un seguro de inquilino), mantenimiento y reparaciones, posiblemente una cuota de condómino y otros costos.

En la otra cara de la moneda, en los Estados Unidos usted se puede beneficiar de algunas deducciones fiscales que no existen para los inquilinos. El interés de su hipoteca (que constituye casi todo el pago) y sus impuestos son deducibles (hasta ciertas cantidades máximas en el caso del interés). Eso significa que parte de lo que paga por concepto de impuestos por su hipoteca y su propiedad lo ahorrará en el impuesto sobre la renta.

A causa de estos costos agregados y los ahorros adicionales, la mayoría de los compradores primerizos no andan muy acertados en el cálculo de cuánto pueden pagar cómodamente por concepto de hipoteca. Para determinar su nivel de comodidad, es necesario que efectúe los cuatro cálculos siguientes:

1. Determine cuál es la cantidad máxima que puede pagar por vivienda.
2. Calcule sus costos mensuales adicionales.
3. Calcule sus ahorros en impuestos.
4. Sume estos ahorros al pago máximo estimado por vivienda.

1. Determine cuál es la cantidad máxima que puede pagar por vivienda. Comience por calcular sus gastos actuales totales de cada mes y vea cuánto le queda para un pago total por la casa. En la figura 6.1 se incluye un presupuesto que le ayudará a calcular sus gastos actuales. Trate de ser sincero. Anote lo que las cosas cuestan realmente, ¡no lo que desearía que costaran!

Ahora, reste este total del ingreso que lleva a casa, y el resultado es la cantidad que debe quedarle y que se puede aplicar al pago de la casa misma.

Ingreso mensual contra gastos

	$ _____	**Ingreso mensual total**
Menos	$ _____	**Gastos mensuales totales**
=	$ _____	**Total disponible para vivienda**

Si lo que queda no es mucho, pregúntese a qué estaría dispuesto a renunciar.

Recuerde que hay que considerar la revaluación y el valor que tiene la propiedad de una casa. Tal vez esté dispuesto a hacer un esfuerzo y pagar más por una casa propia de lo que pagaría de renta. Además, está adquiriendo una casa, no alquilándola, así que cuando la venda tendrá (¡esperamos!) una utilidad. Piense en esto como en una inversión, no como dinero que simplemente se tira a la basura. Por otra parte, no se sobrepase calculando un pago que lo hundiría.

Haga un esfuerzo, pero no fantasee.

2. Calcule sus costos mensuales "adicionales". No cometa el error de pensar que sólo tiene que pagar lo correspondiente a la hipoteca. Como ya hemos señalado, mantener la propiedad de una casa implica otros costos. La lista siguiente le ayudará a calcularlos.

Costos mensuales adicionales

$ _____	Mantenimiento de patios y jardinería
$ _____	Reparaciones domésticas (La compra de una casa más nueva le ayudará en este punto.)

Figura 6.1 Gastos totales *sin* alquiler

$ _____   Alimentos

$ _____   Servicios públicos

$ _____   Teléfono

$ _____   Seguros de automóvil/de gastos médicos

$ _____   Pagos médicos, medicamentos

$ _____   Pagos de automóvil

$ _____   Gasolina, aceite, mantenimiento y
                 reparaciones de automóvil

$ _____   Transporte público

$ _____   Pensión alimenticia

$ _____   Manutención de los hijos

$ _____   Costos de los hijos (ropa, gastos escolares,
                 etc.)

$ _____   Cuidado de los hijos

$ _____   Restaurantes

$ _____   Ropa

$ _____   Entretenimiento

$ _____   Compras de consideración (muebles,
                 computadoras, etc.)

$ _____   Vacaciones

$ _____   Aficiones (videocintas, discos compactos,
                 libros, revistas)

$ _____   Clubes

$ _____   Otros

$ _____   Sume 5% por gastos adicionales no
                 considerados

$ _____   GASTOS MENSUALES TOTALES

$ _____   Todos los servicios: gas, electricidad, agua, re-
colección de basura, drenaje, teléfono, cable
(Algunos de éstos los paga el casero cuando
usted alquila.)

$ _____   Cuota a la asociación de condóminos (en su
caso)

Además, tendrá que pagar impuestos prediales y seguros contra incendio y de propietario. Es probable que no tenga que calcular estas cifras hasta que tenga en mente una casa específica. Por el momento, descuente el 10 por ciento de la cantidad mensual total que calcule como disponible para gastos en vivienda.

Haga los cálculos:

Estimación de impuestos y seguros

$ _____   La cantidad disponible para gastos en vi-
vienda como se mostró previamente

$ _____   x 10% para impuestos y seguros

$ _____   Total de gastos adicionales en vivienda

Ahora sume sus gastos adicionales más impuestos y seguros y reste el resultado de la cantidad que tiene disponible para vivienda. Esto le dará la cantidad que le queda para el pago de una hipoteca.

Estimación de la cantidad remanente para pago de hipoteca

Mis cifras		*Sus cifras*
$1,300	Pago máximo cómodo	$ _____
$ 300	Menos gastos adicionales, impuestos y seguros	$ _____
$1,000	Remanente para pago de hipoteca	$ _____

3. Calcule sus ahorros en impuesto sobre la renta. Recuerde que, en los Estados Unidos, usted puede deducir sus impuestos y la mayor parte del interés hipotecario de su impuesto sobre la renta. Ya calculó sus impuestos prediales; ahora, determine el interés sobre la hipoteca.

Si bien el cálculo real es muy complejo (porque básicamente todo el pago mensual de los primeros cinco años por una hipoteca normal a 30 años se destina al pago de intereses), como regla general, puede deducir fundamentalmente todo el pago de la hipoteca. Eso es lo que haremos aquí.

Ahora bien, ¿cuál es su tasa marginal de impuesto? Las tasas varían de acuerdo con el ingreso. En los Estados Unidos, en la parte baja de la escala algunas personas pagan a una tasa de 15 por ciento. Otras, que tienen un ingreso muy alto, pagan a una tasa máxima de 39 por ciento. Supondré que su tasa marginal de impuesto máxima es de 28 por ciento. (Verifique con su contador o con quien le elabora su declaración de impuestos si no está seguro; es una cifra importante que usted debe conocer.)

Cálculo de la deducción mensual

Mis cifras		Sus cifras
$1,150	(incluyendo interés e impuestos)	$ _____
x 28%	(tasa marginal de impuesto)	x 28%
$ 322	**(ahorro mensual en impuestos)**	$ _____

Esto significa que, puesto que ahora puede usted deducir intereses hipotecarios e impuestos prediales de su impuesto federal sobre la renta, ahorrará dinero: en mi ejemplo, alrededor de $322 al mes. (Recuerde que la cifra real será algo menor, porque no todo el pago hipotecario es de intereses; una parte es capital; será significativamente más alto en un estado donde el impuesto estatal sobre la renta sea alto, porque en este caso usted podrá deducir también el interés hipotecario y los impuestos.)

Por otro lado, como ya mencionamos, en la legislación fiscal de México no son deducibles los gastos por pago de hipoteca e impuestos derivados de ésta.

4. Sume su deducción a la cantidad que puede pagar por una hipoteca. Éste es el paso que confunde a muchas personas, pero es sencillo de entender *si* recuerda que primero debe calcular sus ahorros en impuestos y luego sumarlos de nuevo a su pago hipotecario. No lo haga al revés: no sume sus ahorros en impuestos a su pago hipotecario para después calcular la deducción. Eso sería como contar el mismo dinero dos veces.

Pago hipotecario factible después de las consideraciones fiscales

Mis cifras   *Sus cifras*

$1,000 (remanente para pago hipotecario) $ _____

+ $322 (ahorro mensual en impuestos) $ _____

$1,322 (disponible mensual ajustado) $ _____

¿De qué monto es la hipoteca que puede conseguir por $1,322 (o cualquiera que sea la cifra que obtuvo)? La respuesta depende de otras variables, como el plazo (duración), la tasa de interés y el tipo de hipoteca, por ejemplo, si es con tasa ajustable o fija. En la figura 6.2 encontrará ejemplos de diferentes tasas de interés.

Figura 6.2 Cantidades máximas de hipoteca a diferentes tasas de interés

Pago hipotecario de $1,322 para una hipoteca fija a 30 años

7%	$200,000	10%	$151,000
8%	$182,000	11%	$139,000
9%	$164,000	12%	$128,000

Pago hipotecario de $1,322 para una hipoteca fija a 15 años

7%	$147,000	10%	$123,000
8%	$138,000	11%	$117,000
9%	$130,000	12%	$110,000

Pago hipotecario de $1,322 para una hipoteca de tasa ajustable, con una tasa inicial de 5.5%

5.5 %	$235,000

Observe la sorprendente diferencia en el monto de la hipoteca a medida que la tasa de interés aumenta. Cuanto mayor es la tasa, menor es la hipoteca máxima aceptable para usted. Por eso es importante comprar, si es posible, cuando las tasas de interés son bajas.

Tenga presente también que lo que hemos calculado es el pago con el cual usted se sentirá cómodo. Si es usted la clase de persona que es hábil para llevar las cuentas de su chequera y elaborar presupuestos, es probable que se trate de una cifra bastante precisa. Si, por el contrario, su chequera tiende a estar sobregirada cada mes y nunca puede apegarse a un presupuesto, entonces quizá sea mejor que ponga atención a la siguiente sección.

Aunque usted calcule que puede hacer un pago mensual y pagar una cantidad en hipoteca como hemos mostrado, esto no le garantiza que un banco o una sociedad de ahorro y préstamo estará de acuerdo: ellos quizá calculen que usted sólo puede pagar menos (¡o más!). Por consiguiente, es importante entender cómo calcula el prestamista las hipotecas para darse una idea de cuánto puede ser aceptable en su caso.

Una forma de hacerlo es consultar a una institución crediticia. Ésta es una buena idea en cualquier caso, porque una vez que usted compre su casa (o quizá incluso antes, si "precalifica" para una hipoteca), tendrá que recurrir a ella para conseguir una hipoteca. Una institución de este tipo puede determinar rápidamente el monto de la hipoteca y del pago hipotecario que son aceptables en su caso simplemente formulando unas cuantas preguntas y efectuando un par de cálculos.

¿Cómo puede encontrar un prestamista?

Simplemente, busque en la Sección Amarilla de su directorio telefónico bajo los encabezados siguientes:

- Hipotecas
- Corredores hipotecarios
- Bancos
- Ahorro y préstamo

Si usted pertenece a una unión de crédito, también puede consultar con ellos.

Le sugiero llamar a un par de prestamistas, y que al menos uno sea corredor hipotecario. Los bancos, las sociedades de ahorro y préstamo y las uniones de crédito tienen cada una diferentes programas hipotecarios que con gusto le explicarán. (El capítulo 11 contiene información sobre los tipos de hipoteca disponibles.) Sin embargo, un corredor hipotecario por lo general representa a docenas (a veces cientos) de prestamistas diferentes, algunos de otros estados, por lo que un solo corredor suele estar en condiciones de ofrecerle una enorme variedad. (En el capítulo 10 se examinan con más detalle las diferencias entre los diversos tipos de prestamistas.)

Ahora bien, la figura de "prestamista" no existe legalmente en México.

Para iniciar una solicitud de préstamo, la vía adecuada son los bancos, los cuales ofrecen diferentes tipos de préstamos hipotecarios, dependiendo del tipo de casa a adquirir.

Para efectos de comprensión de este capítulo se recomienda se considere el término prestamista como equivalente al banco financiador.

La situación de créditos en México atraviesa por una etapa crítica a raíz de la devaluación de diciembre de 1994. Un porcentaje mayoritario de acreditados (con créditos hipotecarios pendientes de pago) entró en una situación morosa por la brusca alza de intereses a pagar, lo que obligó al gobierno a buscar fórmulas de reestructuración crediticia, protegiendo de la quiebra a los bancos y ayudando a los deudores a salvar del embargo a sus propiedades.

A tres años de esos sucesos, la recuperación es lenta y difícil, los bancos no otorgan con entusiasmo créditos para vivienda salvo bajo condiciones especiales, es decir, cuando el cliente ofrece garantías colaterales u otras fórmulas, mismas que no son factibles para la mayoría de los solicitantes de casas en compra.

Por otro lado, en años recientes se han establecido en el país nuevos bancos de capital extranjero, los cuales están presentando planes novedosos para financiamientos diversos, que muy probablemente en breve también ofrecerán para casas habitación.

¿Por qué debe hacer usted los cálculos del prestamista?

El problema de dejar que un prestamista determine el monto de la hipoteca y el pago máximo que son aceptables en su caso es que usted no sabrá si lo hizo correctamente o no. Además, si usted acude con tres prestamistas, podría obtener tres cálculos diferentes, lo que puede resultar muy confuso. (Mucho depende del programa que el prestamista esté promoviendo en el momento de su llamada.) La única manera de estar realmente seguro es saber cómo hacer el cálculo por cuenta propia.

Por cierto, en la jerga de los bienes raíces, de lo que hablamos aquí es de "calificar", es decir, de preguntarnos el monto de la hipoteca y los pagos para los cuales usted califica.

¿Cómo determina el prestamista el monto de la hipoteca que puede concederle?

Los prestamistas califican a los compradores de casa con base en tres factores:

1. Solvencia

2. Ingreso
3. Cantidad del enganche

Examinemos cada uno por separado.

Solvencia

Esto significa sencillamente cuán seguro está el prestamista de que usted rembolsará efectivamente la hipoteca. Después de todo, usted podría comprar su casa y luego nunca hacer un pago y el prestamista enfrentaría el problema de tener que entablar un juicio hipotecario, embargar la propiedad, quizá arreglarla y luego venderla otra vez. Francamente, los prestamistas desean ganar dinero tan sólo ganando intereses, y no les entusiasma la perspectiva de poseer y revender propiedades. (De hecho, es un descrédito para ellos, porque significa que otorgaron un mal préstamo.)

Por consiguiente, en algún momento del proceso de compra de la casa, se le solicitará someterse a una investigación (o informe) de crédito. Y, como si eso no fuera suficiente, ¡tendrá que pagar por ella! (por lo general sólo unos $35).

Nota: algunos compradores primerizos se ponen en contacto con un prestamista antes de encontrar la casa que desean y piden ser calificados. Muchos prestamistas lo hacen y les entregan una carta que dice que "María y Juan Pérez han calificado para una hipoteca de hasta $...". La carta puede mostrarse a un posible vendedor y puedo garantizar que mejora las probabilidades de lograr que se realice la operación. Dada una alternativa entre dos compradores que ofrecen más o menos el mismo trato, el vendedor elegirá siempre a aquel que ya está previamente calificado.

Investigaciones (o informes) de crédito. Es necesario tener en cuenta que en los Estados Unidos se emplean dos tipos de informes de crédito: uno sencillo que el prestamista puede solicitarle cuando usted solicita inicialmente una hipoteca y en el que por lo general se investiga su crédito sólo en la zona donde vive. Pero, antes de entregarle efectivamente los fondos de la hipoteca, le solicitará un informe de crédito de "tres agencias", el cual es un informe combinado proveniente de las tres compañías de investigación de crédito más grandes de los Estados Unidos: TransUnion, Equifax y TRW. En México, el banco realiza una investigación de crédito del solicitante, por conducto de oficinas propias o compañías investigadoras locales. Este costo es repercutido al solicitante.

El aval es un requisito obligado para otorgar ciertos tipos de créditos, independientemente de la solvencia del solicitante. El resultado es que, si su crédito es malo por algún concepto, ello se sabrá.

Y esto constituye un problema; a los prestamistas les agrada el crédito perfecto: sin tacha, sin pagos retrasados, sin incumplimientos y, Dios no lo quiera, nada de juicios hipotecarios. Si su crédito es perfecto y muy abundante (es importante que haya pedido prestado y rembolsado los préstamos muchas veces para establecer un historial de crédito), el prestamista le ofrecerá la mejor tasa de interés y la mejor hipoteca disponible.

Por otra parte, si su crédito tiene algunas pequeñas fallas (un pago retrasado de vez en cuando, una demanda y quizá una falta de pago corregida hace algunos años en otra parte), todavía es posible que consiga una hipoteca por la cantidad que desea, pero podría ser con una tasa de interés más alta.

Ahora, si usted tiene un problema de crédito grave, como una declaración de bancarrota o (lo peor para un prestamista hipotecario) un juicio hipotecario, se le podría negar la hipoteca.

Ingresos suficientes

Además de demostrar un historial de rembolso de préstamos para probar su solvencia, también debe demostrar que
gana lo suficiente para cubrir las mensualidades. He visto
que algunas personas se presentan en la oficina del prestamista con un presupuesto previamente elaborado para
explicar cuáles son sus planes para el pago de la hipoteca.

Esto podría funcionar en el caso de hipotecas muy
elevadas (arriba de \$203,400), en las que el prestamista
provee efectivamente los fondos y conserva la hipoteca
él mismo. Pero en la actualidad la mayoría de los prestamistas sólo proporcionan los fondos para créditos inmobiliarios, no los retienen. Más bien, venden las hipotecas
a otros prestamistas, incluyendo agencias casi guberna-
mentales como Freddie Mac y Ginnie Mae en los Estados
Unidos. Estos prestamistas secundarios adquieren nues-
tras hipotecas de aquellos con los que tratamos y cobran
un interés algo menor del que pagamos. La diferencia
pertenece a nuestro prestamista como utilidad; además,
éste suele "dar servicio" a la hipoteca, o recibir los pagos,
por una cuota adicional. (En los capítulos 10 y 11 daremos
más detalles a este respecto.)

Para vender nuestra hipoteca en este mercado secundario, el prestamista debe cumplir los requisitos del
prestamista secundario, que son muy específicos en términos de cuál debe ser el ingreso del prestatario (usted).
Estas "reglas de aseguramiento" suelen ser sumamente
estrictas, y el prestamista original en realidad no tiene
opción. Usted puede mostrar su presupuesto para probar que es capaz de pagar una hipoteca más elevada,
pero, si no satisface los criterios del asegurador, simplemente no se le concederá.

Así que, ¿cuáles son estos criterios en términos de
ingreso?

Esto depende del momento en que usted haga su
solicitud y del asegurador en particular. También, de

cuánto efectivo aporta. Sin embargo, como regla general, las pautas siguientes se aplican en casi todos los casos de préstamos inferiores a $203,400 (al momento de escribir esto; la cantidad cambia con cierta frecuencia).

Si usted aporta 20 por ciento de enganche: su pago mensual total, que incluye hipoteca, impuestos, seguro y cuota de propietario (en su caso), no puede exceder del 32 por ciento de su ingreso mensual total antes de impuestos, siempre y cuando no tenga alguna otra deuda de largo plazo (pagos por automóvil, pensión alimenticia, pagos de tarjeta de crédito, etc., que se extiendan por más de cuatro o seis meses.)

Si usted aporta 10 por ciento o menos de enganche: su pago mensual total, que incluye hipoteca, impuestos, seguro y cuota de propietario (en su caso), no puede exceder del 28 por ciento de su ingreso mensual total antes de impuestos, siempre y cuando no tenga usted alguna otra deuda de largo plazo.

Tenga presente que las reglas anteriores son generales. En un momento dado, los aseguradores pueden ser un poco más indulgentes o más estrictos.

Cómo hacer los cálculos del prestamista

Hacer los cálculos en cuanto a su ingreso es en realidad bastante sencillo, pero se requiere que sea perfectamente sincero. (En la mayoría de los casos, el prestamista le exigirá mostrar pruebas de sus ingresos.)

En primer término, calcule su ingreso mensual total: la cantidad que gana antes de efectuar deducciones por concepto de impuestos, seguros, jubilación, etc., es decir, su ingreso bruto.

A continuación, reste la deuda a largo plazo, que incluye cualquier pago mensual por pensión alimenticia o manutención de hijos, así como pagos de automóvil, pagos de tarjeta de crédito y otros préstamos a un plazo mayor de seis meses.

Ahora, calcule el 32 por ciento (si su enganche es de 20 por ciento) o el 28 por ciento (si su enganche es de 10 por ciento) de la cifra resultante y ése será el pago mensual máximo que el prestamista le permitirá hacer. El siguiente es un cálculo de muestra.

Mis cifras		Sus cifras	
$2,500	Ingreso bruto mensual	$ _____	
-$ 275	Adeudo mensual de largo plazo	$ _____	
$2,225	Ingreso neto mensual	$ _____	
$			
x 28% x 33%		x 28% x 33%	
$630 $734		$ ____ $ ____	

¿Hay modo de evitar los máximos del prestamista?

Hasta ahora hemos visto cómo se hacen las cosas conforme a las reglas. También mencioné que éstas son bastante estrictas a causa de los requisitos del asegurador.

No obstante, en ocasiones las reglas se pueden modificar o flexibilizar un poco. Por ejemplo, en vez de usar el 28 o el 32 por ciento del ingreso, los prestamistas permiten a veces un aumento a 30 y 34 por ciento (o pueden requerir una reducción al 25 y 30 por ciento), de acuerdo con la salud de la economía y otras condiciones del mercado. Averigüe si hay alguna flexibilidad en cuanto a las reglas.

Otra posibilidad es olvidar las reglas de aseguramiento antes descritas y pedir ser calificado en términos de su relación global de ingreso a deuda. Ésta es otra herramienta que los aseguradores emplean, la cual compara el adeudo total con el ingreso total. (Aunque se podría pensar que las cifras resultarían iguales de una forma u otra, es sorprendente que a veces difieren, a menudo con ventaja para el prestatario.)

No obstante, para que este cálculo funcione, es necesario saber por adelantado cuál va a ser el pago por hipoteca, seguros, impuestos y pertenencia a la asociación de condóminos (en su caso). En otras palabras, esto se puede probar sólo si ya se tiene una propiedad en mente.

Si la tiene, sume el pago total antes descrito, y luego agregue su deuda de largo plazo como ya explicamos. Ahora calcule esto como porcentaje de su ingreso total. Si es de 39 a 40 por ciento, es posible que obtenga la hipoteca. He aquí el cálculo:

Mis cifras		*Sus cifras*
$700	Pago por hipoteca, seguros, impuestos y asociación de condóminos	$ _____
+125	Deuda de largo plazo	$ _____
$825	Total de pagos mensuales	$ _____
$1,800	Ingreso bruto	$ _____
$700/1,800	Pagos como % del ingreso	$ ___/___
39%	Menos del 40% consigue generalmente la hipoteca	___%

Otro método consiste en dar un enganche mayor en efectivo. Por ejemplo, si usted da un enganche del 25%, todas las reglas anteriores se van por la borda. Con un enganche tan grande, muchos prestamistas le darán el crédito con gusto sin venderlo al mercado secundario y sin un asegurador, y pueden ser muy indulgentes cuando llega el momento de calificar el ingreso.

¿Cuánto puede usted aportar como enganche?

Como ya habrá notado, muchos de nuestros cálculos han dependido de cuánto dinero puede usted dar como enganche de una propiedad. Por desgracia, éste es un punto delicado para muchos prestatarios primerizos. Después de todo, el enganche completo debe provenir de sus ahorros, pues no dispone de otra casa que pueda vender para refinanciar el valor neto de la misma. Esto plantea una serie de preguntas.

¿Debo esperar hasta haber ahorrado un enganche alto antes de comprar? Probablemente no. En casi cualquier mercado, cuanto más tiempo espera uno, más suben de precio las casas. Y, si las tasas de interés van en aumento, le conviene entrar al mercado tan pronto como sea posible. Además, existen financiamientos disponibles que pueden permitirle entrar con tan poco como un cinco por ciento de enganche (que es tan sólo $5,000 para una casa de $100,000) más los costos del cierre.

¿Puedo pedir prestado el enganche? Por desgracia, los prestamistas no le permitirán dar el enganche con dinero prestado. Sin embargo, si usted lo pidió prestado mucho tiempo atrás (digamos, tres meses o más), por lo común no se considera que se haya prestado específicamente para comprar una casa, y quizá se salga con la suya.

¿Puedo usar un regalo como enganche? Con cierta frecuencia los padres, abuelos u otros parientes dan un regalo en dinero a los compradores de casa primerizos para ayudarles con el enganche. (Por lo general, hasta $10,000 anuales de esta clase de regalo son no gravables en los Estados Unidos.) El problema es que los prestamistas prefieren que los nombres de los donadores aparezcan en la hipoteca. Por ejemplo, si sus padres le obsequian $10,000 como ayuda para el enganche, es posible que el prestamista les pida calificar y firmar de la misma forma que usted. Para evitar este requisito ridículo, simplemente ponga en su cuenta el regalo varios meses antes de solicitar la hipoteca. Después, si se le pregunta de dónde obtuvo el dinero, puede decir que fue un regalo, pero no parecerá que éste se le dio específicamente para ayudarle a adquirir una vivienda.

¿Debo dar de enganche tanto como pueda o conservar algo de dinero? Recuerde que necesita dinero en efectivo para otras cosas además del enganche. Están los costos del cierre. Seguramente tendrá que comprar algunos muebles nuevos y, de ser posible, guardar una reserva para alguna emergencia. Éstos son argumentos a favor de conservar tanto como pueda.

Por otra parte, cuanto más grande sea su enganche, más pequeña será la hipoteca y los pagos mensuales. Aun así, tenga presente que aportar uno o dos puntos porcentuales extra no significará una gran diferencia en los pagos mensuales. Además, para la mayoría de las personas, conseguir efectivo es lo más difícil de hacer, hablando desde un punto de vista financiero.

¿Qué tan pronto debo aportar el enganche? En términos generales, no necesitará el enganche completo hasta que la transacción se cierre (por lo común cuando usted se mude a la casa). Podría ser un mes o dos, o incluso más, a partir del momento en que su oferta es aceptada por el vendedor y el trato se cierra. No obstante, usted tendrá que demostrar al prestamista que tiene el dinero para el enganche dando como referencia una cuenta de ahorros u otra cuenta de depósito similar. El dinero deberá estar disponible de inmediato, pues casi siempre el cheque que lo cubre se hace efectivo en el momento en que el vendedor acepta su oferta.

¿Debo dar un enganche mayor si puedo hacerlo? Pocas personas están en esta afortunada situación. Casi todo el mundo se esfuerza por conseguir el enganche mínimo.

Ahora, si tiene la opción de dar un enganche más grande, ¿debe hacerlo? Mucho depende de cuáles sean sus objetivos. Un enganche mayor reducirá el monto de su hipoteca, y eso, a su vez, reducirá sus pagos mensuales.

No obstante, a menos que aporte mucho dinero adicional a la propiedad, sus pagos mensuales no se reducirán en gran medida. Por otro lado, no tendrá el dinero disponible en caso de necesitarlo para otros fines. (Aunque podría obtener un préstamo sobre la propiedad neta de la casa [segunda hipoteca] para sacar ese dinero, en caso de necesitarlo, pero entonces estaría pagando interés sobre él en vez de recibir interés *por* él.)

Otra manera de considerar esta cuestión es en términos de intereses: al momento de escribir esto, si usted tiene $10,000 adicionales y los pone en el banco, con suerte puede recibir un 5 por ciento. Por otro lado, si lo pone en la casa, estará evitando pagar una hipoteca al 8 o 9 por ciento sobre esa cantidad de dinero. En otras palabras, ahorrará 4 o 5 por ciento.

¿Debe hacerlo? En realidad es cuestión de qué signifique el dinero para usted. Yo lo he hecho de ambas maneras en diferentes momentos de mi vida pero, cuando compré por primera vez, me aferré al efectivo.

Lo que usted piensa *vs* lo que el prestamista piensa

En este capítulo examinamos el pago hipotecario máximo desde dos perspectivas: la del prestatario y la del prestamista. Por supuesto, el segundo es quien manda. Pero tenga presente que no simplemente porque lo diga éste las cosas son así. Quizá usted pueda cubrir un pago hipotecario mucho mayor que el que el prestamista dice, o tal vez pueda cubrir mucho menos.

Lo que sugiero es que tome lo que un prestamista dice con cuidado: no solicite la hipoteca más alta disponible si siente que no puede cubrir el pago. Por otra parte, no acepte una más reducida que la que usted sabe que puede cubrir simplemente porque un prestamista dice que no puede hacerlo; pelee por ella.

Capítulo 7

CÓMO SE REALIZA UNA COMPRAVENTA DE BIENES RAÍCES

Puesto que es la primera vez que usted va a comprar una casa (o no ha comprado una en mucho tiempo), quizá le resulte totalmente desconocido el procedimiento de una compraventa de propiedad. Después de todo, no es como ir a la tienda y comprar una botella de salsa de tomate.

Ya hemos visto, en los capítulos 4 y 5, cómo elegir la casa ideal y el vecindario apropiado. En el capítulo 3 analizamos cómo conseguir que un buen agente trabaje para usted. Ahora, hagamos un recorrido por la compra de una casa para ver qué implica la misma. Por cierto, si ya conoce muchos de los procedimientos, de cualquier forma no es mala idea acompañarnos en este capítulo para tener una imagen completa.

En el principio...

Ya conoce gran parte del principio: usted toma la decisión de comprar, encuentra un agente que le muestre casas y busca una casa y un vecindario. Este proceso puede llevar desde unos cuantos días hasta muchos meses, según lo que esté disponible, cuánto pueda usted pagar y qué tan selectivo sea. (Por cierto, nada tiene de malo ser selectivo, pues simplemente significa que no estará satisfecho hasta conseguir la propiedad idónea.)

En muchos sentidos, el principio es la parte más importante de la compra, sin duda alguna para el primerizo. Es un tiempo de investigación y descubrimiento. A menudo no sabemos lo que deseamos en tanto no se ha buscado durante un buen tiempo.

Por consiguiente, le recomiendo que se tome tanto tiempo como sea necesario. Es mejor perderse de una "ganga" (una casa con un precio inferior al de mercado) que conseguir algo que no lo dejará satisfecho.

A mitad del camino...

La mitad del camino es el punto en que usted hace formalmente su oferta de compra, el vendedor acepta por fin y se inicia todo el papeleo. Para quien adquiere una casa por primera vez, esta parte puede ser la más traumática. Recuerdo a un hombre joven de treintaitantos años que comentaba acerca de la experiencia en estos términos:

"Me pidieron firmar este papel y luego otro. Les di un cheque, luego firmé otros papeles y puse mis iniciales en otros. Me decían todo el tiempo para qué era todo eso, pero para mí no tenía ni pies ni cabeza. Simplemente firmé y puse mis iniciales y finalmente recibí la casa."

Estoy seguro de que la experiencia es similar para muchos otros, así que tomémoslo con calma y procuremos encontrar el sentido de las distintas piezas del rompecabezas.

¿Necesita usted un abogado?

De ser así, ¿en qué etapa?

La respuesta segura es que un comprador primerizo sí necesita un abogado, aunque en ciertas zonas rara vez se emplean los servicios de uno. Usted necesita un abogado tan pronto como se le pida firmar el primer documento, que es la oferta. La razón es que todo el proceso, en particular la documentación, es nuevo para usted. Sin una asesoría legal competente, no sabrá qué es en favor suyo y qué no. ¿Cómo saber que no está "entregando su vida con su firma" al hacer esa oferta?

Una vez dicho lo anterior, mi propia experiencia en el mundo real es que los abogados tienden a echar a perder las transacciones inmobiliarias. No lo digo a manera de condena, sino para afirmar que cuando hacen lo que se supone que deben hacer, es decir, proteger a sus clientes, tienden a exagerar a tal grado que la otra parte, el vendedor, se resiste a aceptar el trato.

Lo que usted necesita en realidad es alguien que sea legalmente competente para conducirlo a aguas seguras, pero que también sepa cómo se hacen las operaciones inmobiliarias y sea capaz de proponer algo que la otra parte esté dispuesta a firmar sin sentirse incómoda.

Sí, usted necesita asesoría jurídica, pero no un exceso de jerga legal. Necesita protección, pero no hasta el punto en que ningún vendedor esté dispuesto a tocar su oferta.

La oferta

Cuando encuentre una casa que le agrade, tendrá que dar al vendedor algún tipo de aviso formal de que le gustaría comprarla. A esto se le llama una oferta.

La razón por la que se le llama oferta es que por lo general las personas no están de acuerdo en pagar lo que el vendedor pide. Como señalé al principio, esto no es como entrar a una tienda de abarrotes: usted (o la mayoría de las personas) no paga el precio completo.

La razón es doble: por una parte, a todos nos gusta ver qué tan buenos negociantes somos. Quizá podamos lograr que el vendedor nos haga una pequeña rebaja, o tal vez simplemente no podemos pagar lo que pide.

¿Cuánto debe ofrecer? Por otra parte, es frecuente que los vendedores asignen a sus propiedades un precio ligeramente alto, en espera de una oferta más baja. Consecuentemente, están preparados para hacer una rebaja, aunque sea pequeña. Usted puede convencerlos de hacer una considerable, claro, si es un buen negociador.

Las estadísticas indican que la mayoría de los compradores ofrecen una cantidad al menos 5 por ciento inferior al precio que se pide por la casa. Eso no significa que consigan un descuento de tal magnitud: el vendedor puede hacer una contraoferta (algo que comentaremos en breve), pero, como regla general, es un punto de partida. En un mercado deprimido es probable, por supuesto, que usted ofrezca menos. En un mercado muy activo quizá tenga que ofrecer una cantidad cercana al precio original.

Si su agente es bueno, sin duda podrá ayudarle a determinar cuánto es una oferta razonablemente buena. No olvide que es posible que el agente represente al vendedor, pero si lo representa a usted, le podría ofrecer muy buenos consejos. (Vuelva a leer el capítulo 3 si no está seguro acerca de esto.)

Una manera excelente de ayudar a determinar no sólo cuánto debe ofrecer, sino cuál es el valor de la casa, es conseguir que su agente le imprima una lista de ventas de propiedades comparables. Puesto que en la actualidad casi todos los agentes están enlazados por computadora, hacerlo sólo le tomará unos minutos.

Usted podrá ver en cuánto se vendieron casas similares en el vecindario por lo menos en los últimos seis meses. También le conviene conseguir una lista de los precios actuales de casas similares en el mercado.

Con esta información, podrá darse rápidamente una idea de cuál sería un precio realista. También sabrá si el precio que ofrece al vendedor es bueno o malo, desde la perspectiva de él.

El depósito

Es costumbre, aunque no es obligatorio, que la oferta vaya acompañada de un depósito. La cantidad es decisión suya, pero deberá mostrar que su intención de comprar la propiedad es seria. Tenga presente que es posible que si el vendedor acepta su oferta y usted no sigue adelante con el trato, ¡podría perder su depósito!

Al momento de escribir esto, como depósito sugiero alrededor de $2,500 para casas de menos de $100,000, y aumentar $1,000 o más para casas de hasta $200,000. Arriba de este precio, un máximo de $5,000 deberá ser suficiente. A propósito, en los Estados Unidos es recomendable hacer el cheque del depósito a nombre de una compañía depositaria, no del vendedor. Si lo hace a nombre del vendedor (o de su agente), podría tener más problemas para recuperar su dinero si el trato no se concluye.

La contraoferta

El vendedor podría simplemente aceptar lo que usted ofrece, lo cual ha ocurrido muchas veces. En tal caso, habrá hecho usted un trato.

Ahora bien, es más probable que el vendedor le "haga una contraoferta", lo cual significa que ha rechazado su oferta y ahora le hace una a usted. No olvide que la oferta original y la contraoferta son independientes.

El vendedor no puede aceptar y responder al mismo tiempo; es una cosa o la otra. Usted no está obligado a aceptar una contraoferta.

Comúnmente, el vendedor propondrá una contraoferta por debajo del precio que pedía (aunque puede insistir en el precio solicitado y modificar más bien algunas condiciones). Ahora la pelota está de nuevo en su cancha. Para muchos compradores primerizos, éste es un momento de reflexión angustiosa y de estrujarse las manos. Por lo común la contraoferta es mejor (para usted) que el precio originalmente demandado, pero no tan buena como lo que ofreció. ¿Debe aceptarla? ¿Debe rechazarla?

Una vez más, su agente puede ofrecerle un buen consejo al respecto, pero tenga presente que no puede aceptar la contraoferta y modificarla al mismo tiempo. O la acepta exactamente como está escrita o la rechaza. Y, si la rechaza, puede presentar una contraoferta a la contraoferta.

No hay un límite respecto al número de contraofertas que pueden hacerse en un sentido y en otro. No obstante, es importante darse cuenta de que cada vez que usted presenta una, ello significa que ha rechazado la oferta más reciente del vendedor; éste no está obligado a continuar con el juego, y puede simplemente recoger sus canicas e irse, dejándolo a usted sin la casa. Por ello, le sugiero que sus contraofertas sean tan razonables como pueda hacerlas.

El convenio de compraventa

El documento en el cual hace su oferta (y ordinariamente en el que hace la contraoferta) se conoce como convenio de compraventa. En tanto no esté firmado por usted y por el vendedor, es simplemente una oferta. Sin embargo, una vez que ambas partes firman, se convierte en un convenio que hay que cumplir. Por tal razón, debe leerlo cuidadosamente *antes* de firmarlo y pedir que su abogado lo revise también.

Nota: muchas personas leen sólo las partes del convenio que se escriben en el momento. El material previamente impreso (llamado "machote") se suele pasar por alto con base en el supuesto de que contiene cláusulas normales que son necesarias en todos los acuerdos. Esto no es así en el caso de un convenio de compraventa de un inmueble. En la actualidad, prácticamente toda la información importante está previamente impresa y es muy poco lo que se escribe a mano. Lea el machote con minuciosidad. Haga que su agente y un abogado le expliquen cuidadosamente cualquier cosa de la que no esté seguro. Por ejemplo, ¿especifica el convenio que se incluyen todos los recubrimientos de muros y pisos? Si no es así, el vendedor podría estar pensando en llevarse las cortinas y las alfombras.

Los convenios de venta por lo general incluyen al menos los componentes siguientes:

- Precio y condiciones
- Tiempo
- Contingencias
- Título de propiedad
- Ocupación
- Recorrido

Precio y condiciones. Asegúrese de que se describan con precisión y que reflejen lo que usted entiende al respecto. El vendedor podría aceptar su oferta y usted quedaría obligado por lo que está escrito. Si lo redacta mal, será demasiado tarde para retractarse y tendrá que aceptarlo, por difícil que le parezca. Asegúrese de entender las condiciones. Si no le es posible, haga que una persona competente se las explique.

Tiempo. Ponga especial atención a los límites en cuanto a tiempo. Usted, el vendedor, o ambos, tendrán que atenerse a ellos si el convenio se firma cabalmente.

Por lo común, el comprador concede al vendedor un tiempo establecido para aceptar la oferta. Cuanto más corto sea dicho tiempo, mejor, pues no le conviene que alguien se presente con una oferta más tentadora mientras el vendedor considera la suya.

También está el tiempo que se requiere para completar la operación. Asegúrese de darse el tiempo suficiente para conseguir una hipoteca: tres semanas es el mínimo absoluto, aunque seis es más cómodo. Consulte primero a un prestamista hipotecario para averiguar cuánto tiempo toma obtener un financiamiento en su zona.

En México, debido a los diferentes trámites por realizar en un banco, el plazo a considerar para la obtención de un crédito bancario es de dos a tres meses.

Contingencias. Verifique además que el convenio contenga las cláusulas de contingencia necesarias, las cuales se suelen incluir para su protección. Por ejemplo, una contingencia común señalará que el trato está "sujeto a" que usted obtenga el financiamiento necesario, o que la venta está "supeditada a" su aprobación de una inspección de la casa. Esto significa que si usted no puede obtener el financiamiento o no le agrada lo que la inspección revela, no estará obligado a seguir adelante con el trato. Si estas cláusulas no se incluyen como debe ser, podría verse obligado a seguir adelante con el trato aunque no consiga un prestamista o aun cuando la casa se esté hundiendo poco a poco. Si no sigue adelante con un trato para el que no se previeron contingencias, podría perder su depósito o, lo que es peor, ser demandado por el vendedor. Asegúrese de que su abogado revise estos puntos con mucho cuidado.

Una contingencia importante cuya inclusión se debe considerar es un plan de garantía de la propiedad. Éste garantiza que si se presenta un problema con alguno de los sistemas de la casa después de que usted se mude (por ejemplo, la descompostura de un calentador de agua, una fuga de gas o incluso una tubería de agua con fugas), la compañía que otorga la garantía lo arreglará. Usted tendrá que pagar sólo un pequeño deducible, y no necesitará discutir con el vendedor o con el agente respecto a la razón por la que ellos deben pagar y usted no. Lo mejor de todo es que normalmente el vendedor es quien paga el plan de garantía.

Sin embargo, a menos que se mencione específicamente como condición de venta, el plan no estará incluido y el vendedor no lo pagará. Es una contingencia importante que no debe quedar excluida.

Título de propiedad. Verifique también cómo se elaborará el título de propiedad. Si usted es casado, la escrituración se puede hacer ya sea como "posesión conjunta" o como "sociedad conyugal o "propiedad mancomunada". También existe la posesión individual y la posesión en común.

No describiré aquí intencionalmente cada una de estas formas de posesión, porque lo que son no es con mucho tan importante como sus consecuencias financieras y fiscales. (Le recomiendo no decidir qué opción seleccionará simplemente con base en la lectura de una breve descripción en otros libros.) Cada una tiene consecuencias fiscales y crediticias muy diferentes y, si usted no tiene experiencia en cuestiones fiscales y jurídicas, no deberá tomar la decisión acerca de cómo escriturar su propiedad sin la ayuda de expertos. De hecho, en ciertos casos el modo de escrituración puede ser la parte más importante de todo el convenio de venta. Consulte a un abogado fiscal o al menos a un contador fiscal antes de expresar su decisión en este sentido.

Ocupación. El acuerdo debe especificar cuándo se puede mudar a la casa. Por lo general, esto sólo puede hacerse después de que la escritura haya sido registrada a su nombre, pero deberá ser inmediatamente después; de lo contrario, los vendedores podrían no mudarse pronto y usted, tener problemas para hacerlos salir. (En ese punto, se les consideraría quizá como inquilinos y podría ser necesario desalojarlos si no aceptan dejar libremente la propiedad.)

Recorrido. Un último punto: asegúrese de que el convenio le permita hacer un recorrido final de inspección justo antes de que se cierre la venta. De esa manera, podrá comprobar que la propiedad esté en las mismas condiciones en que estaba cuando la vio por primera vez y que el vendedor no ha hecho nada en perjuicio de la misma. Esto puede ser muy importante en el caso de un vendedor descuidado. Inclúyalo como una contingencia.

El juego final

Una vez que se ha concluido el convenio de compraventa, que el vendedor firma y que se han hecho las anotaciones y cancelaciones correspondientes, el trato está hecho, pero usted todavía no tiene una casa. Hay un largo camino por recorrer entre la firma del convenio de compraventa y la entrega de las llaves.

Durante las siguientes semanas, tanto usted como el vendedor tienen mucho trabajo por hacer para asegurar que la venta se consume, y normalmente existe un límite de tiempo. Una de las cláusulas del convenio de compraventa suele decir que usted dispone de un determinado número de semanas (suelen ser de cuatro a ocho) para conseguir el financiamiento y eliminar todas las contingencias con el fin de completar la compra. Si no hay hipoteca, no hay casa.

La hipoteca

Su primera tarea es obtener el financiamiento. Consulte los capítulos sobre capacidad de pago (6) y financiamiento (10 y 11) para saber lo que tiene que hacer. Lo más importante es asegurarse de haber encontrado un prestamista idóneo y presentar todos los documentos necesarios para obtener un préstamo para vivienda, que ordinariamente incluyen los siguientes:

- Talón de cheque de sueldo reciente
- Dos años de formas del impuesto sobre la renta (si es usted autoempleado)
- Investigación de crédito (solicitada por el prestamista, pagada por usted)
- Verificación de depósito (de un banco, donde se muestre que usted tiene el enganche necesario en una cuenta)
- Verificación de empleo (de su patrón, donde se indique cuánto tiempo ha trabajado para él y cuáles son sus posibilidades de conservar ese empleo)
- Avalúo de la propiedad (solicitado por el prestamista, pagado por usted)
- Prueba de seguro sobre la propiedad (deberá obtenerla de una compañía aseguradora)
- Cualquier otro documento que el prestamista pueda necesitar; por ejemplo, prueba de que ha liquidado un antiguo préstamo que aparece en el informe de crédito como no pagado

También se le pedirá firmar para comprobar que ha recibido un aviso de declaración de costos de hipoteca, el cual se le deberá proporcionar antes de tres días. Léalo con cuidado, pues tendrá que pagar todo lo que ahí se indica.

Le sugiero que visite de inmediato al prestamista de su elección para echar a andar el proceso y que después lo llame cada semana, o con tanta frecuencia como sea necesario. Pregunte siempre si hay tiempo suficiente para que le proporcione los fondos del préstamo. La respuesta debe ser sí. En caso contrario, se trata de una situación de emergencia, pues el asunto de la hipoteca anda mal. Llame al agente y a su abogado y, si es necesario, encuentre otro prestamista para echar a andar de nuevo el proceso.

Documentos de entrega de depósito en los Estados Unidos

El tenedor del depósito, ya sea un abogado o una compañía depositaria, le pedirá firmar las instrucciones de entrega de depósito, las cuales reiteran todo lo que contiene el convenio de compraventa e instruyen al depositario a recabar todos los documentos, firmas y el dinero necesario para cerrar el trato.

Por lo general se trata de una forma larga. Asegúrese de que usted y su abogado la lean minuciosamente para comprobar que refleja con precisión el contenido del convenio de compraventa. Una vez que usted y el vendedor la firman, su cumplimiento se hace tan forzoso, si no es que más, que el del mencionado convenio de compraventa. Si hay algo diferente, indíquelo y haga que se corrija. No firme hasta que todo esté bien.

El depositario puede solicitar varios documentos más, entre los cuales están los siguientes:

- *Ficha de identificación*. Se le preguntará todo acerca de usted, incluso domicilios anteriores, otros nombres empleados, excónyuges, etc. Esto es necesario para identificarlo ante el registro del título de propiedad.
- *Comprobantes de pago*. Su convenio de compraventa puede especificar que ciertos conceptos se deben pagar con el depósito en el momento en que

el trato se cierra. Algunos pueden ser los honorarios por inspección de la casa, por elaboración de documentos, etc. El funcionario depositario puede pedirle que firme en cada caso un comprobante individual o uno por todos los conceptos.

- *Informe de título de propiedad.* El depositario recibe ordinariamente un informe preliminar sobre el título de la propiedad, el cual proporciona detalles sobre el título y prueba que el vendedor es efectivamente el propietario y tiene el derecho de otorgar a usted un título de propiedad. Su firma significa normalmente que ha recibido una copia.
- *Acuerdo de pago del seguro de título de propiedad.* Le conviene tener un seguro de título, el cual le garantiza que su título de propiedad sea válido. En casi cualquier parte de los Estados Unidos, los compradores pagan este seguro de título, aunque en algunas, se acostumbra que el vendedor pague o que los honorarios se dividan. Se le informará lo que es común en su área.
- *Documentos de propiedad en condominio.* Si compra un condominio o una propiedad horizontal o cooperativa, recibirá los estatutos y otros documentos de la asociación. También deberá recibir un estado financiero actualizado y un informe sobre cualquier problema legal (como demandas) que enfrente la asociación.
- *Otros documentos.* Cualquier cosa que sea necesaria para cerrar el trato.

El proceso completo toma varias semanas. Sin embargo, cuando todo esté concluido, todos los documentos hayan sido entregados, el préstamo esté listo para aplicarse y el vendedor haya firmado la escritura (o esté listo para hacerlo), se le pedirá acudir a firmar los papeles finales y entregar el dinero necesario para cerrar la operación.

Este documento de entrega de depósito equivale a la firma del contrato privado de compraventa. Las recomendaciones indicadas aplican exactamente a operaciones en México.

Si usted está comprando una casa habitación nueva dentro de un conjunto o un nuevo desarrollo, el contrato privado podrá ser autorizado por la Procuraduría Federal del Consumidor (PFC).

Hay empresas immobiliarias serias que registran y obtienen la autorización de la PFC para la aplicación del contrato privado, previo a la escrituración.

El recorrido

Si su convenio de compraventa lo estipula (y así debe ser), se le dará la oportunidad de inspeccionar de nuevo la propiedad antes del cierre (por lo general un día antes).

Acompañado del agente o agentes, y quizá del impaciente vendedor, podrá comprobar que este último se ha mudado (o está terminando la mudanza) y se le mostrará que todo está como lo vio por primera vez. (Cuídese de aceptar una propiedad habitada todavía por el vendedor. Si no la ha desocupado a estas alturas, ¿cuándo lo hará? Podría terminar teniéndolo como inquilino, lo que no es una buena idea.)

Ahora es el momento de quejarse si algo anda mal, pero no es oportuno tratar de retractarse de la venta a menos que la cosa sea muy seria.

Busque daños recientes y artículos faltantes, como recubrimientos de muros o pisos, que deberían incluirse en la venta. ¿Se ha conservado en buenas condiciones el patio? Si no es así, quizá el vendedor debería pagar para que un jardinero lo reacondicionara. Haga saber lo que piensa si hay algún problema. Ésta es su última oportunidad para revisar la propiedad.

La firma de los documentos finales

Una vez más, esta etapa puede ser un poco frenética: le pondrán ante sus narices un papel tras otro y también tendrá que elaborar un buen número de cheques. No se asuste, pero esté preparado.

Usted compra por primera vez (o no ha comprado en mucho tiempo), así que no sabe qué debe firmar y qué no. Además, no tiene tiempo de leer cada cláusula de cada documento. Así pues, ¿qué debe hacer?

No acuda al cierre solo. Lleve con usted al agente o, mejor aún, a su abogado. Necesita a alguien experimentado, conocedor y competente para que revise todos los documentos con usted. Es preciso asegurarse de que las cifras sean correctas y que no esté pagando demasiado. (Normalmente, el depositario pide un poco más de dinero de lo necesario por si hay gastos inesperados. Si no se hacen, el dinero le será devuelto más tarde.)

Si usted acude solo y no sabe lo que está haciendo, la situación puede asustarlo y resultar costosa, mucho más que lo que le costaría tener un abogado presente.

No suponga que todos los documentos han sido elaborados correctamente; es posible que no sea así. No suponga que el funcionario depositario está de su parte; esta persona sólo desea que la operación se firme y se concluya para pasar al siguiente. No suponga que los vendedores han hecho todo lo que se supone deben hacer; quizá no sea así.

El cierre es su última oportunidad para corregir errores, pero, en su calidad de comprador primerizo, es probable que no identifique un error aunque el mismo sea del tamaño de un puño puesto ante sus ojos. Así que no trate de arreglárselas por sí solo. Gaste un poco de dinero para hacerse acompañar de alguien que conozca los gajes del oficio. (Casi todos los abogados inmobiliarios incluyen esto en sus honorarios globales por el manejo de la compraventa.)

Nota: suele ocurrir que el agente no desee acompañarlo a un cierre porque teme que, si algo sale mal más adelante, usted lo culpará a él. Ése no es un buen pretexto. El agente debe estar ahí para ayudarle, o bien, designar a otra persona para que acuda en su lugar.

En el momento del cierre es necesario revisar lo siguiente:

- *Todos los documentos*, para asegurar que estén ahí los correctos y que los datos que contengan sean también correctos.
- *Los papeles de la hipoteca*, para asegurar que sean exactos.
- *Los cálculos*, para asegurar que todo concuerde. En mi experiencia, casi siempre hay al menos un error aritmético en el cierre.

Le recomendamos verificar la siguiente lista de documentos o elementos que un vendedor debe entregar al momento de la firma del contrato privado de compraventa o de la escrituración:

1. Pago por derechos de conexión de toma domiciliaria de agua.
2. Pago por derechos por conexión al drenaje municipal.
3. Boletas prediales y de agua de los últimos cinco años (si procede).
4. Planos eléctricos aprobados y/o contrato con la compañía de luz.
5. Planos de instalación telefónica y/o línea telefónica en funcionamiento, si es el caso.
6. Planos de instalación de gas e instalación en funcionamiento.
7. Licencia y planos de construcción, autorizados por la autoridad correspondiente.
8. Pagos del IMSS respecto a los trabajadores de la obra.

9. Aviso de terminación y ocupación de obra.
10. Alineamiento y número oficial.
11. Avalúo.
12. Certificado de libertad de gravámenes.
13. Escrituras de propiedad, antecedentes.
14. Acta de recepción de la propiedad, indicando relación de aspectos pendientes en caso de haberlos.
15. Garantías de proveedores de equipos o materiales especiales como impermeabilización, calentador de agua, tanque estacionario de gas, puerta eléctrica, etcétera.
16. Juego de llaves de todas las puertas.

¿Ya terminó todo?

En los Estados Unidos, la casa no será suya hasta que la escritura que le otorga el vendedor se registra oficialmente. Esto lo hace, a primera hora de la mañana o al concluir la tarde, en el departamento de registros del condado, la compañía aseguradora del título de propiedad. Esto tiene el propósito de asegurar que un vendedor taimado no pueda acudir rápidamente ahí primero y vender la propiedad por segunda vez a otra persona. Esto es muy poco probable, pero cuando se trata de una fuerte cantidad de dinero y de seguros, es necesario tomar todas las precauciones.

Empero, antes de que la escritura pueda registrarse, se tiene que verificar la validez de su cheque de depósito y el prestamista tiene que aportar los fondos de la hipoteca. El dinero de la hipoteca se entrega en un cheque del prestamista a la compañía aseguradora del título, por el monto de la hipoteca. Para evitar posibles problemas, por lo común la operación no se cierra hasta que hayan transcurrido 24 horas después de que se ha depositado todo el dinero. En ese momento, se declara completa o "perfecta", y la escritura se puede registrar.

Por lo general, sólo después del registro mencionado se le dará posesión de la propiedad. (En casos especiales, se puede dar posesión más pronto por acuerdo entre el comprador y el vendedor, pero eso es muy poco común.) Normalmente, el agente se reunirá con usted en la casa, que para entonces ya habrá sido desocupada por completo, y le entregará la llave.

Al igual que en los Estados Unidos, en México la casa no es suya hasta que la escritura está registrada en el Registro Público de la Propiedad, trámite que realiza el Notario asignado por el banco. El trámite puede llevar varios meses, no se desespere.

Por fin, la casa es suya. ¡Ahora ya puede comenzar a pensar en revenderla!

Capítulo 8

SACA PROVECHO DE LA INSPECCIÓN DE TU CASA

Aun antes de que el vendedor acepte su oferta por una casa, sin duda surgirá la cuestión de una inspección. Su agente querrá saber si desea que se inserte una cláusula de inspección en la oferta o convenio de compraventa. El costo será probablemente de $250 a $300, y usted tendrá que pagarlo. ¿Le conviene que se haga la inspección? ¿Por qué?

Una historia lamentable, pero cierta

Aunque las inspecciones de casas son cosa común hoy día en los Estados Unidos, no siempre fue así. Hasta hace diez años, muy pocas personas las llevaban a cabo; de hecho, nadie pensaba siquiera en ello. Las personas simplemente adquirían casas suponiendo que estaban en buenas condiciones, o al menos que el vendedor o el agente señalarían cualquier problema serio.

Así pensaba una amiga mía, Hortensia, cuando adquirió su primera propiedad, una pequeña casa unifamiliar independiente en una comunidad semirrural. La casa tenía tres recámaras pero sólo un baño. Se trataba de un vecindario tranquilo y agradable donde todas las casas databan de unos 40 años atrás. La casa tenía un hermoso patio delantero y un jardín en la parte de atrás.

Hortensia la consideró una excelente inversión y un lugar donde ella y sus dos hijos se podrían sentir seguros y con la situación bajo control. Era perfecta, o al menos eso pensó.

El precio que se pedía era de $115,000. Después de negociar, obtuvo la casa por lo que consideró un precio bajo: $106,000; consiguió un préstamo por el 80 por ciento, y después de cinco semanas, se firmó la escritura y Hortensia se mudó a la casa. Entonces comenzaron sus problemas.

La primera vez que intentó llenar de agua la tina para dar un baño a su hijo, el líquido salió de color naranja. Cerró la llave y llamó a un amigo, quien le dijo que probablemente se trataba sólo de herrumbre en la tubería por falta de uso: "Déjala que corra un poco y deberá salir limpia". Así lo hizo, y en unos pocos minutos el agua corría transparente y tibia. Aliviada, Hortensia continuó llenando la tina hasta que de repente escuchó un gorgoteo y el agua dejó casi de salir por la llave. Aun después de abrirla por completo, ya no salió más. Entonces escuchó a su hija decirle, desde el patio trasero, que estaba saliendo agua de un costado de la casa; corrió para allá y, en efecto, rápidamente se estaba formando un charco a un lado y atrás de la casa y se podía escuchar el sonido del agua que salpicaba abajo de la construcción. Llamó a la compañía del servicio de agua y antes de una hora ya había llegado un camión. Para entonces, el patio trasero estaba prácticamente inundado.

La compañía del servicio de agua le indicó que había una fuga en un tubo abajo de la casa. Todo lo que podían hacer era cerrar el paso y ella tendría que llamar a un plomero para que hiciera la reparación.

Hortensia y sus hijos estuvieron sin agua durante tres días hasta que un plomero pudo venir y meterse bajo la casa. Le dijo que estaba inundado allá abajo y que trabajar ahí sería difícil, pero encontró la fuga y la arregló; le explicó que los viejos tubos de acero galvanizado bajo la casa estaban sencillamente corroídos, por lo que podría presentarse otra fuga en cualquier momento. Le recomendó cambiar toda la tubería por tubos de cobre.

Conteniendo el aliento, Hortensía preguntó cuánto costaría. El plomero respondió que eran sólo $125 por arreglar la fuga, pero que le costaría alrededor de $4,500 cambiar toda la plomería de la casa, sin contar la reparación de los agujeros que tendría que hacer en las paredes. Hortensia tuvo que aferrarse a la puerta para no caer: simplemente no disponía de esa cantidad de dinero.

Después, llamó al agente, quien a su vez llamó al vendedor. El vendedor dijo que la casa había estado alquilada y él no había estado en ella en un año. Hasta donde sabía, no se habían presentado antes problemas con la plomería. Además, se aplicaba la regla de "caveat emptor" (bajo responsabilidad del comprador): Hortensia debería haber revisado la plomería por su cuenta. El agente fue un poco más compasivo, pero tampoco le ayudó. Tuvo que quedarse con el problema.

Tres semanas después se presentó otra fuga, después de la cual, consiguió una segunda hipoteca e hizo cambiar la plomería de la casa. Fue entonces que descubrió el problema del cableado.

Cuarenta años antes, cuando la casa se construyó, las normas de construcción locales eran relativamente flexibles, como lo fueron también, en apariencia, las inspecciones del departamento de construcciones. El cableado completo de la casa carecía de un alambre de conexión a la tierra.

Muchas personas desconocen que todas las casas deben tener en la actualidad tres alambres que lleguen a cada enchufe: uno lleva la electricidad, otro la devuelve y el tercero es una conexión a tierra. El alambre de conexión a tierra ayuda a asegurar que, si ocurre un cortocircuito, se encaminará hacia la tierra y no a la persona que utiliza el enchufe. Esto no funciona siempre, por lo cual ahora se exigen circuitos con interruptor de falla de conexión a tierra (GFI, por sus siglas en inglés), que interrumpen el circuito en caso de un corto) en cocinas y baños como protección adicional.

La casa de Hortensia no era segura porque ningún enchufe contaba con alambre de conexión a tierra. Lo que es peor, cuando los plomeros rompieron los muros para cambiar la plomería, observaron que el aislamiento de los alambres, un antiguo tipo de mezcla de brea que ya no se usa, se había degradado y se estaba desprendiendo, por lo que recomendaron a Hortensia que los hiciera revisar por un electricista.

Preocupada por la seguridad de sus hijos, mi amiga llamó a un electricista que le informó que sí, en efecto, la casa no cumplía con las normas. Además, el cableado se había deteriorado y no ofrecía seguridad. El costo sería de alrededor de $3,500, sin incluir los agujeros que los electricistas tendrían que hacer en las paredes. (Afortunadamente, todos los agujeros hechos por los plomeros y electricistas se podrían reparar de una sola vez, a un costo de $2,500.)

Hortensia se preparó para conseguir otra hipoteca, pero antes llamó a un contratista para que examinara minuciosamente la casa en busca de otros problemas. El techo era viejo pero no tenía goteras, de modo que así se quedaría por ahora, pero tendría que cambiarse en cinco años. El calentador de agua no tenía fugas, pero también era viejo y pronto habría que sustituirlo. Sin embargo, había una fuga en el intercambio de calor del calorífero y era necesario cambiarlo de inmediato, a un costo de $1,000. Además, el patio en torno a la casa requería de algunas obras de drenaje que costarían otros $600.

Hortensia hizo los arreglos para obtener una hipoteca más grande y mandó a corregir los problemas; después, volvió a llamar al agente, quien habló con el vendedor. Pero éste negó tener conocimiento previo de ellos y dijo que, en cualquier caso, no era asunto suyo.

¿Cuál fue el costo total para Hortensia?

Plomería	$4,625
Electricidad	3,500
Enyesado	2,500
Calorífero	1,000
Drenaje	600
Total	**$12,225**

La casa no resultó ser la ganga que Hortensia había imaginado.

Las inspecciones de casas en la actualidad

Esta historia ocurrió hace unos 12 años, y dudo que hubiera sucedido en nuestros días. ¿La diferencia? Las inspecciones de casas.

En la actualidad, todo comprador sensato insistirá en que se realice una inspección para verificar que todos los sistemas de la casa estén en buenas condiciones. Si se descubren problemas, el comprador puede negociar con el vendedor cómo se van a resolver, qué se debe hacer y quién debe pagar por ello.

Para evitar el problema de Hortensia, o cualquier cosa parecida, es recomendable realizar una inspección de la casa.

La inspección formal de una propiedad no es algo formal dentro de una operación de compraventa, pero cualquier persona que se precie de ser precavida debería realizar una inspección con algún técnico o profesional de la construcción. Un valuador por lo general puede ser una buena solución. Aquí se describe la experiencia de Hortensia al comprar una casa de buena fe; esto puede pasar en cualquier país, no falta quien quiera deshacerse de una propiedad en ruinas, a costa de complicarle la vida a otro.

En la inspección física se debe verificar el estado real de la estructura de la casa, sus instalaciones, carpintería, impermeabilizaciones, etc. Quizá no esté adquiriendo una casa nueva, pero debe estar enterado de ello.

Cómo obtener permiso para inspeccionar una casa

No olvide que en la litigante sociedad actual, los vendedores también desean las inspecciones, pues no quieren que el comprador regrese después de una venta y reclame que la propiedad tiene un defecto que él no manifestó. El comprador podría demandar por daños, e incluso pedir la rescisión de la venta ("rescisión" significa que el vendedor tendría que tomar de nuevo la propiedad y devolver el dinero).

Tengo unos amigos compradores que hicieron eso hace poco tiempo. Ellos adquirieron una casa unifamiliar independiente en una zona de alto nivel. El vendedor dijo que la casa estaba en perfectas condiciones, salvo unas ligeras grietas en el yeso, y ningún daño de cualquier tipo. De igual manera, una inspección de la casa no reveló detalles adversos.

No obstante, cuando los compradores se mudaron a la casa, descubrieron partes de la cimentación recientemente remendadas que tenían fracturas considerables debidas a desplazamientos del terreno. Puesto que los vendedores vivieron en la casa durante los diez años anteriores, se supuso que habían ocultado el daño sin manifestarlo. En último término, tuvieron que pagar más de $15,000 para reafirmar los cimientos y cubrir las molestias causadas a los compradores.

Esta historia tiene dos moralejas: la primera, que los vendedores deben ser honestos; la segunda, que las inspecciones no son perfectas y no revelan todo.

Problemas de las inspecciones de casas

Las inspecciones de casas presentan varios problemas. Uno es que la inspección misma es, por su misma naturaleza, superficial. Usted y un inspector (acompañe siempre al inspector; es mucho lo que puede aprender de lo que esta persona comenta durante el recorrido por la propiedad) cuentan con un par de horas para hacer el examen. Sin embargo, en ese tiempo son muchas las áreas que no se pueden inspeccionar de verdad.

Por ejemplo, si hay alfombra de pared a pared, es muy poco probable que usted la levante para examinar el piso abajo de ella. Si el vendedor ha remendado algunas áreas y el trabajo se hizo bien, quizá ni usted ni el inspector se den cuenta de su existencia (vea el relato precedente). Además, ciertas áreas como algunas partes del ático, abajo de la casa, dentro de los muros y otros lugares, simplemente no son accesibles.

En resumen, se puede inspeccionar lo que se ve, y esto puede ser mucho. Pero también puede quedar mucho sin inspeccionar.

En segundo lugar, la calidad de los inspectores de casas todavía deja mucho que desear en gran parte de los Estados Unidos. Puesto que estas inspecciones son algo relativamente nuevo, se ha dado cierto apresuramiento para sacarle provecho. Un inspector que cobra $300 por trabajo puede hacer hasta tres inspecciones al día. Si se hacen cuentas, eso significa un negocio muy lucrativo. En consecuencia, algunas personas no tan bien calificadas como debieran se han convertido en inspectores de casas.

En tercer lugar, el informe por escrito, que es el documento que expresa lo que el inspector ha encontrado, con demasiada frecuencia es simplemente un impreso generado por un programa de inspección de casas en una computadora. El inspector tan sólo llena una pantalla de introducción de datos y la computadora genera el informe, el que a menudo no contiene conclusiones concretas que sean de utilidad para el comprador. (Un poco más adelante abundamos al respecto.)

Por último, nuestra litigante sociedad ha completado el círculo, y en la actualidad se da una tendencia a demandar al inspector de casas por problemas que no se identificaron (y que en ocasiones no son achacables a éste). Por consiguiente, los inspectores suelen incluir muchos descargos de responsabilidad y se niegan a poner en tela de juicio cualquier cosa que pudiera ocasionar la ira del comprador o el vendedor, con lo que el informe puede resultar tan endeble que es prácticamente inútil.

Una inspección no tan exhaustiva

Un agente que conozco y que representaba a compradores solicitó una inspección de una casa. El inspector llegó y se fue. Cuando se entregó el informe, el mismo señalaba varios problemas, como grifos que goteaban, un accesorio de iluminación suelto y varias tejas faltantes. Sin embargo, también decía que era posible que la cimentación tuviera un problema, pero el inspector no podía confirmarlo ni negarlo. Lo mismo sucedía con el techo, los muros, el sistema eléctrico, el sistema de plomería, el sistema de calefacción y el sistema de aire acondicionado. En pocas palabras, cualquier persona (usted o yo) podría haber hecho el recorrido y encontrado grifos con fuga y un accesorio de iluminación suelto, y bastaba con mirar el techo para darse cuenta de que faltaban algunas tejas. Pero lo verdaderamente importante estaba ausente. El inspector sencillamente no deseaba comprometerse con algo más serio por temor a las repercusiones.

Hace poco tuve una experiencia similar cuando compré una casa. Había un muro de contención en el patio trasero que servía para impedir que la ladera de la colina se deslizara. Yo quería que el inspector me dijera en qué condiciones estaba el muro. ¿Era resistente? ¿Continuaría sosteniendo la ladera durante muchos años, o era débil y estaba a punto de derrumbarse?

El informe decía que no había podido encontrar daño o problema alguno en el muro, pero que se podía derrumbar en cualquier momento. Ahora bien, ¿qué utilidad tiene una afirmación de esta naturaleza?

Lo anterior significa que quizá usted no obtenga todo lo que espera al pagar por la inspección de una casa.

¿Cómo encontrar un buen inspector de casas?

Existe una asociación en los Estados Unidos llamada American Society of Home Inspectors (ASHI) (Asociación estadunidense de inspectores de casas). Es una organización en crecimiento y exige ciertas capacidades y también ética de parte de sus miembros. Le sugiero que la persona que usted considere para emplearla como inspector sea miembro de la ASHI.

Además, pida recomendaciones. El corredor con quien trata deberá poder recomendarle a un inspector. Pero yo no me limitaría a la recomendación de un solo agente: pregunte a uno o dos más. La idea es encontrar un inspector cuyo nombre se mencione repetidamente.

Llame también a su departamento local de construcciones y seguridad. Algunas veces los inspectores de casas son jubilados de departamentos de construcción locales. Se trata de aquellos que de manera regular salen a inspeccionar propiedades en nombre de las autoridades municipales, para asegurar que cumplan con las normas. Saben muy bien lo que deben buscar en una casa y han tenido amplia experiencia con personas que tratan de disimular las cosas. Además, este tipo de inspectores tienden a ser más sinceros que otros.

También le conviene considerar contratistas. Algunos jubilados del negocio de la construcción se convierten en inspectores. Debido a su conocimiento de la construcción de casas, pueden ser una opción excelente. Sin embargo, cuídese de aquellos que desempeñan dos papeles. Si un inspector de casas es a la vez contratista, quizá simplemente ande en busca de trabajo. ¿Cómo puede usted confiar en su criterio si le dice que algo está mal y de inmediato le da un estimado de cuánto le cobraría por arreglarlo? Existe un obvio conflicto de intereses en este caso.

Los ingenieros estructurales, eléctricos e incluso civiles también pueden ser buenos inspectores. Conozco uno que trabajaba como ingeniero estructural, y utilizo sus servicios siempre que me preocupan los cimientos o la estructura de una construcción. Esta persona posee una maravillosa percepción de cómo se arman los edificios y de cómo diagnosticar problemas y sugerir remedios. En más de una ocasión él me ha recomendado no preocuparme por un problema potencial que me inquietaba, y por ello he seguido adelante con el trato.

Como ya he señalado, si después de verificar las fuentes anteriores un nombre determinado surge una y otra vez, es posible que tenga al inspector deseado. Llámelo y entrevístese con él.

Usted contrata

Usted paga la cuenta, de modo que le corresponde contratar al inspector. No delegue esta importante tarea en un agente o alguien más. Hágalo usted mismo y comience por la entrevista.

Como mínimo, antes de contratar un inspector debe pedirle sus credenciales. (Si trabajó en el departamento de construcciones, si es contratista con licencia, en qué área, si tiene un grado en ingeniería, etcétera.)

Yo también preguntaría por los nombres de al menos tres personas cuyas casas haya inspeccionado en los últimos seis meses. Debe poder proporcionárselos sin dificultad; si no es así, pregúntese la razón. Después, llame a estas personas. Averigüe cómo resultó la inspección. ¿Quedaron satisfechos? ¿Se presentó algo más adelante que el inspector pasó por alto?

No olvide acompañar al inspector

Aunque el informe por escrito es una parte importante de la inspección de una casa, los comentarios verbales a lo largo de la inspección pueden serlo mucho más. Si lo acompaña, el inspector puede señalar diversas cosas, usted puede hacer preguntas acerca de esto o lo otro y recibir explicaciones. Por ejemplo, quizá no entienda lo que el inspector quiere decir cuando afirma que los respiraderos de abajo de la casa están tapados. En cambio, si lo acompaña, podrá mostrárselos.

Prepárese para la inspección. Use ropa vieja y caliente. Recuerde que tendrá que arrastrarse bajo la casa y en el ático. Por cierto, no piense que eso sólo lo pueden hacer los individuos atléticos y que gustan de las actividades al aire libre. En estos días cualquier persona puede participar en las inspecciones de casas, las cuales toman sólo un par de horas. Pero, si va a invertir $100,000 o más, ¿acaso no vale la pena?

Observe al inspector

Una manera de juzgar qué tan competente es un inspector es observar cómo se comporta. ¿Está vestido de manera apropiada para la inspección, con overol? ¿Lleva consigo una lámpara de mano para sondear y revisar? ¿Es capaz de responder sus preguntas de forma lógica y clara? Un buen inspector debe inspirar confianza.

Solicite un informe redactado

No me agradan esos informes generados por computadora. Es demasiado fácil para el inspector incluir en él sólo información estandarizada y, en consecuencia, producir un informe tipo machote, parecido a cualquier otro. Si estoy pagando varios cientos de dólares, pienso que el inspector puede tomarse el tiempo para escribir (o dictar) un informe redactado. Deseo que se exprese con sus propias palabras, con comentarios específicos acerca de la casa que estoy por comprar.

Si desea emplear un programa de computadora, está bien, pero es preferible que tenga muchas páginas al final con comentarios específicos. Además, si el inspector tiene que poner todo por escrito, es más probable que yo me entere de lo que piensa en realidad.

¿Puede usted responsabilizar al inspector?

¿Qué ocurre si el inspector pasa algo por alto? ¿Qué pasa si no revisa una parte de la casa? Hace poco tiempo adquirí una casa en una zona sísmica, y el inspector no se dio cuenta de que el calentador de agua de gas no estaba sujetado (los calentadores deben estar sujetados para evitar que se caigan durante un terremoto, lo que ocasionaría la ruptura de la tubería de gas y causaría un incendio). El inspector regresó y lo sujetó personalmente.

Los inspectores son responsables por sus errores, omisiones y fallas manifiestas. El problema es que, para cubrirse, suelen dar respuestas evasivas. En consecuencia, como ya señalé, es frecuente obtener en el informe de inspección una gran cantidad de banalidades y comentarios superficiales acerca de puntos y condiciones que usted mismo podría haber observado. Por otra parte, si en realidad existe una mala condición que es evidente, la mayoría de los inspectores la indicarán como tal. Por ejemplo, el inspector deberá señalar y advertir del peligro de una plataforma cuyos apuntalamientos están desgastados.

Además, el inspector sólo garantiza la casa en el momento de la inspección; en el informe estipulará que describe el estado de la casa tal como la encontró. Desde luego, las cosas podrían ser muy distintas el día de mañana. El informe también incluye muchos párrafos de descargo de responsabilidad que estipulan que, puesto que no pudo ver el interior de los muros o bajo las alfombras, o porque el sol le daba en los ojos, no se le puede considerar responsable por cualquier cosa que haya o no encontrado.

En resumen, aunque se supone que el inspector es responsable, culparlo por una inspección, a menos que haya habido algún problema grave, es como tratar de hacer un nudo con espagueti húmedo. Es bastante difícil.

Pasos a seguir

Esto es lo que le sugiero respecto a la inspección de la casa:

Paso uno: *Insista en que se haga una inspección de la casa cuando elabore la oferta o convenio de compraventa.* Además, asegúrese de incluir una cláusula que condicione la compra a su aprobación de la inspección. De esta manera, podrá dar marcha atrás si fuese necesario.

Paso dos: *Contrate usted el inspector.* Obtenga recomendaciones de agentes. Compruebe que los inspectores tengan las capacidades necesarias y entreviste a los candidatos.

Paso tres: *Acompañe al inspector.* Póngase ropa gastada y arrástrese bajo la casa y en el ático. Haga preguntas y atienda con cuidado a las respuestas. Incluso puede llevar consigo una pequeña grabadora para que pueda escuchar de nuevo lo que dijo el inspector, en caso de que no quede claro de momento.

Paso cuatro: *Insista en obtener un informe redactado con comentarios específicos del inspector.* No acepte un impreso de computadora estandarizado.

Paso cinco: *Evalúe el informe.* Si no está seguro acerca de algo, pida una inspección adicional. Por ejemplo, si se indica que el techo tiene un problema, haga venir a un especialista en techos para que le diga qué es lo que está mal y cuánto costaría repararlo.

No permita que lo intimiden para que acepte un informe deficiente. Si el inspector descubre que algo anda mal, esto puede ser la base para retractarse del trato, para conseguir que el vendedor pague las reparaciones, o para obtener una rebaja en el precio.

Capítulo 9

Tu guía de financiamiento

Cuando usted compra una vivienda, bien sea una casa unifamiliar, un departamento en condominio, un condomino horizontal o una propiedad horizontal o cooperativa, si es como el resto de nosotros, necesitará una hipoteca. Para los compradores primerizos que por lo general no cuentan con mucho efectivo para el enganche y hacen un esfuerzo para poder pagar la compra, es doblemente importante conseguir la hipoteca adecuada. De hecho, suele ocurrir que la hipoteca misma sea lo que determine qué es lo que podemos comprar.

En el capítulo 6 hablamos del monto de la hipoteca que usted puede pagar y, en consecuencia, el precio de la casa que puede comprar. En éste examinaremos los detalles del proceso de obtener efectivamente esa hipoteca. Aquí aprenderá lo que todo comprador primerizo necesita conocer acerca del financiamiento de bienes raíces.

Pero antes conviene aclarar algo básico: en casi todos los casos, cuanto usted adquiere una casa, obtiene una hipoteca nueva, no se hace cargo del préstamo existente otorgado al vendedor. De hecho, casi siempre puede olvidarlo, pues no hay nada que pueda hacer con él. (Como veremos en el capítulo siguiente, en ciertos casos poco comunes es posible trabajar con la hipoteca existente del vendedor, pero eso no es lo que nos interesa por ahora.)

De lo que estamos hablando es de conseguir un préstamo nuevo de una institución crediticia para poder comprar su primera casa (de lo contrario, ¡tendría que pagarla en efectivo!). Comencemos por entender qué es en realidad un crédito inmobiliario.

¿Qué es una hipoteca?

El término hipoteca tiene un sentido genérico a la vez que específico. Desde el punto de vista genérico, es el nombre que se da a cualquier crédito para el que la garantía colateral es un bien inmueble. Específicamente, es el nombre de un tipo de instrumento de financiamiento (otro tipo es la escritura de fideicomiso). Lo que es importante que los prestatarios conozcan respecto a una hipoteca en sentido genérico son sus responsabilidades y los riesgos a los que se exponen al firmarla.

Las responsabilidades son sencillas: usted debe hacer los pagos cada mes y conservar la propiedad en razonablemente buenas condiciones. (Ciertas hipotecas exigen pagos anuales o semestrales, o en algún otro periodo, pero eso es poco frecuente.) Además, hay ocasiones en que las mensualidades no liquidan totalmente la hipoteca; en ese caso, usted es responsable además de pagar el saldo completo cuando se vence (a esto se le llama pago global, y lo analizaremos más adelante.)

En términos de riesgos, existen sanciones para el caso de que usted no cumpla con las condiciones de la hipoteca. En casi todas, si no hace el pago antes de cierto día, en general dos semanas después del vencimiento del pago, hay un recargo por morosidad que suele ser equivalente al 5 por ciento del pago mensual. (Si su pago mensual es de $1,000, la sanción por pago moroso suele ser de $50.) Normalmente, el prestatario no acepta un pago moroso sin el recargo correspondiente. Usted puede hacer pagos morosos repetidamente y, si incluye el recargo, el prestamista aceptará los fondos; sin embargo, podría reportarlo como pagador moroso habitual ante una agencia de investigaciones de crédito.

Si usted no hace los pagos, el prestamista, si así lo decide, puede ejecutar la hipoteca. Eso significa que, después de seguir los procedimientos legales, puede recibir el título de propiedad de su casa y, en último término, echarlo fuera. En tal caso, informará que usted ha perdido su propiedad mediante juicio hipotecario, lo que puede impedirle obtener una nueva hipoteca de cualquier prestamista en el futuro.

Tipos de instrumentos de financiamiento

Existen básicamente tres tipos de instrumentos de financiamiento de uso común en la actualidad, cada uno con sus variantes. En la mayoría de los casos usted no tendrá opción respecto al tipo de instrumento, sino que éste estará determinado por lo que se acostumbra en la zona donde vive y por el prestamista. (Es posible negociar el cambio de un tipo a otro con un prestamista, pero esto es muy raro.) La importancia que tiene para usted conocer, como prestatario inmobiliario primerizo, las diferencias entre los instrumentos hipotecarios tiene que ver principalmente con qué tan garantizado queda su interés en la casa con dicho instrumento.

La hipoteca

Como ya he señalado, además de ser un término genérico, se trata también del nombre de un tipo específico de instrumento de financiamiento. Una hipoteca, como *instrumento específico de crédito*, ordinariamente le proporciona a usted la máxima seguridad que puede tener cuando pide dinero a crédito sobre un inmueble. La razón es que proporciona el camino más difícil para el prestamista cuando se trata de ejecutar la hipoteca sobre su casa.

Antes de que se le pueda quitar su propiedad mediante una ejecución de la hipoteca, el asunto debe pasar por el sistema judicial. Conocido como juicio hipotecario, el proceso exige que el prestamista presente un argumento ante un juez donde exponga por qué tiene derecho a que se le devuelva la propiedad. El argumento, por supuesto, es que usted no hizo los pagos.

Usted, sin embargo, tiene derecho a presentarse ante el juez y alegar toda clase de circunstancias atenuantes, desde la pérdida de su empleo y, por tanto, el hecho de no contar con el dinero para rembolsar la hipoteca, hasta haber sido engañado para firmar documentos hipotecarios que no entendió y que son injustos.

Si bien en la mayoría de los casos el juez se pone de parte del prestamista, eso no sucede siempre. A veces el prestatario, mediante argumentos convincentes, puede retrasar la ejecución de forma casi indefinida.

Además, incluso después de que se otorga la ejecución, usted dispone normalmente de un periodo de "rescate". Durante este tiempo, puede rescatar la casa rembolsando todo el dinero que debe sobre la hipoteca, junto con los recargos y los costos reales para el prestamista. Según el estado de que se trate, este periodo de rescate puede alargarse por varios años.

La escritura de fideicomiso

A causa de los resultados tan prolongados y en ocasiones inciertos que se obtienen de un juicio hipotecario, los prestamistas han desarrollado a lo largo del tiempo un tipo diferente de instrumento hipotecario que se emplea actualmente en casi todos los estados de los Estados Unidos. La "escritura de fideicomiso" difiere de la hipoteca principalmente en cuanto a que no es necesario recurrir a un juicio hipotecario para recuperar la propiedad (aunque el prestamista puede elegir esta opción, como veremos pronto).

Con una escritura de fideicomiso, usted transfiere en efecto su propiedad a un tercero, un fiduciario, en el momento en que obtiene el préstamo, junto con instrucciones para el fiduciario de transferirla al prestamista si usted no cumple con las condiciones (es decir, no hace los pagos correspondientes). No se preocupe por el fiduciario; por lo común se trata de una compañía aseguradora de escrituras y es una entidad responsable que no va a entregar su propiedad a otro sin una buena razón.

Pero eso significa que, si usted no hace los pagos, en vez de recurrir a un juez, el prestamista simplemente escribe una carta al fiduciario informando que ha dejado de pagar. A usted se le debe dar aviso de esta falta de pago y, a menos que pueda demostrar que el prestamista está equivocado, el fiduciario seguirá un procedimiento establecido cuya conclusión es que el prestamista recibe la escritura de su propiedad y usted es lanzado fuera de ella.

Desde la perspectiva del prestamista, éste es un proceso rápido y limpio y, a causa del corto tiempo que implica y la ausencia de un proceso judicial, no es con mucho un instrumento tan seguro para usted como una hipoteca.

Sin embargo, para evitar su uso inapropiado, cada estado ha promulgado leyes que dictan de manera específica cómo se puede ejecutar una escritura de fideicomiso. Casi todos siguen el ejemplo de California, donde, si usted ha dejado de hacer pagos del crédito, el prestatario debe darle aviso de falta de pago para hacerle saber que el proceso se ha iniciado. Ahora usted dispone de 90 días para cubrir todos los pagos pendientes, más los recargos y los intereses acumulados. Éste es el periodo de rescate, que, como podrá observar, se da antes de la ejecución, no después.

Si usted no paga en 90 días, el prestatario debe entonces anunciar la venta del fideicomiso de su propiedad durante 21 días en un periódico local. (Por lo general se trata de un periódico "legal" que leen sólo quienes se dedican a los bienes raíces y a las leyes y rara vez es consultado por el consumidor promedio.) Durante este periodo usted puede rescatar su propiedad pagando el préstamo *completo*. A criterio del prestamista, también podría reinstaurar el préstamo liquidando los pagos retrasados.

Después de los 21 días de anuncio, el fiduciario ofrece su propiedad a la venta "en las gradas del juzgado" al mejor postor. El prestamista ofrece el monto del préstamo y suele ser el único postor. Después de esto, usted ya no tiene más oportunidades de rescate, y habrá perdido la propiedad.

Juicio por déficit. Aunque existe otro instrumento para créditos inmobiliarios, como veremos en un momento, tanto la hipoteca específica como la escritura de fideicomiso tienen dos aspectos adicionales en común que es necesario comentar. El primero es un juicio por déficit.

Si después de la ejecución el prestamista consigue vender la propiedad por al menos el monto del crédito más los gastos de ejecución, lo que significa que puede recuperar todo su dinero, no hay ningún problema. Sin embargo, en ocasiones, particularmente en años recientes, se hace una "venta deficitaria". En otras palabras, el prestamista recibe la propiedad y, cuando la pone a la venta, encuentra que la misma vale menos que el crédito (a veces mucho menos).

Cuando esto sucede, puede solicitar que usted, el prestatario, le reponga el déficit, es decir, la diferencia entre lo que se debía aún sobre el crédito inmobiliario y la cantidad que se pudo obtener de la reventa del inmueble.

Un juicio por déficit sólo puede ser emitido por un juez en un juicio inmobiliario. Por tanto, se trata de una posibilidad real en el caso de una hipoteca. En cambio, es una posibilidad remota cuando se trata de una escritura de fideicomiso, a menos que el prestamista opte por un juicio hipotecario en vez de seguir el procedimiento de la escritura de fideicomiso, lo cual puede hacer. A veces los prestamistas que tienen una escritura de fideicomiso y piensan que usted tiene mucho dinero en alguna parte siguen intencionalmente el camino del juicio hipotecario, que es más largo, tan sólo con el propósito de asegurar más tarde un juicio por déficit contra usted.

Hipoteca por parte del precio de compra. Sin embargo, casi todos los estados, reconociendo que la mayoría de las personas que obtienen una hipoteca (o una escritura de fideicomiso) buscan sólo comprar una casa y no son inversionistas refinados, han instituido leyes para las hipotecas por parte del precio de compra. Estas leyes establecen simplemente que si la hipoteca o escritura de fideicomiso fue parte del precio de compra de la casa donde usted habita, no se permite un juicio por déficit, independientemente de si el prestamista recurre a un juzgado o no. Con una hipoteca por parte del precio de compra (cualquier hipoteca que haya sido parte de dicho precio), usted queda libre, al menos por lo que se refiere a la amenaza de un juicio por déficit pendiente sobre su cabeza.

Recuerde, sin embargo, que la hipoteca debe ser parte del precio de compra. Si usted hace más adelante un refinanciamiento, el nuevo crédito ya no formará parte de dicho precio y es posible sujeto de un juicio por déficit.

Contrato de venta de terrenos

El último instrumento de financiamiento que examinaremos es el contrato de venta de terrenos, el cual ofrece a usted, el prestatario, la mínima seguridad. Usado originalmente para la compra de terrenos, ahora se emplea para cualquier compra de bienes inmuebles; no es en realidad un verdadero crédito, sino un contrato de compra.

El instrumento funciona así: usualmente usted entrega al vendedor un pequeño enganche (aunque no es obligatorio) y luego firma un contrato que estipula que pagará al vendedor una cierta cantidad cada mes, más intereses, ya sea hasta que haya liquidado la propiedad o hasta que haya pagado el equivalente de un enganche completo para luego hacer un refinanciamiento.

Habiendo pagado lo suficiente para liquidar la propiedad o para completar el enganche acordado, el vendedor le otorgará una escritura de propiedad, siempre y cuando usted aporte un financiamiento convencional (una hipoteca o escritura de fideicomiso) por el saldo. Como se puede ver, el contrato de venta es en realidad un convenio de compra, no una compra en sí mismo.

Si usted no hace los pagos, no existe ejecución en un contrato de este tipo, porque la propiedad no es suya. Si deja de pagar, el vendedor puede echarlo fuera de la propiedad.

Sin embargo, el vendedor también puede cambiar de opinión sobre vender la propiedad. Si eso sucede, la única forma en que puede obligarlo a hacerlo una vez que se cumplan las condiciones del contrato es acudir a un juzgado, lo que puede ser un proceso largo y costoso.

Además, y aunque muchos estados han incorporado ciertas medidas de protección, ¿quién puede impedir que el vendedor otorgue el mismo contrato de venta a más de una persona? En otras palabras, alguien realmente deshonesto podría vender la propiedad una y otra vez a diferentes personas. (Como ya comenté, muchos estados permiten ahora que usted registre el contrado de venta con sólo su propia firma registrada ante notario, en vez de las de ambos, como normalmente se requiere. Eso le proporciona cierta protección pero no es una garantía.)

Con franqueza, aunque puede ser utilizado con éxito por inversionistas refinados para conseguir ciertos objetivos de compra y fiscales, yo no recomendaría el uso de un contrato de venta para un comprador primerizo. Simplemente evite hablar de él si el vendedor lo menciona. En su lugar, consiga una hipoteca o una escritura de fideicomiso, una venta auténtica y una póliza de seguro de título de propiedad a su nombre.

Las modalidades de: "Escritura de fideicomiso", "Juicio por déficit", "Hipoteca por parte del precio de compra" y "Contrato de venta de terrenos" no son usadas en países como México, en los que lo que prevalece como venta a crédito es la hipoteca, que sólo las instituciones bancarias pueden financiar.

¿Dónde puedo conseguir una hipoteca?

Como se indicó en el capítulo 6, existen miles de prestamistas hipotecarios, tan a la mano como el banco o la sociedad de ahorro y crédito más cercanos. La que sigue es una lista de las distintas fuentes disponibles para conseguir una hipoteca:

- Bancos
- Sociedades de ahorro y crédito
- Uniones de crédito
- Corredores hipotecarios
- Banqueros hipotecarios

Además, ciertas compañías de seguros han participado ocasionalmente en los créditos hipotecarios directos, opción que puede estar disponible por medio de alguna filial inmobiliaria de la compañía de seguros. Consulte con su agente de seguros si pueden ofrecerle este servicio.

Todos los prestamistas citados ofrecen casi todos los diversos tipos de hipoteca que están disponibles y que se analizan en el capítulo siguiente. Sin embargo, por lo común cada uno tiene sus propios planes, diseñados específicamente para satisfacer sus necesidades en cuanto a créditos.

Esto significa que las tasas de interés, los puntos (una cuota o interés que se paga por anticipado, equivalente al 1 por ciento del crédito por punto) y las condiciones difieren de un prestamista a otro. Como prestatario primerizo que busca conseguir la mejor hipoteca, le conviene consultar a más de un prestamista, de preferencia a varios.

Un método para verificar este aspecto consiste en acudir a varios bancos e instituciones de ahorro y solicitar información sobre sus planes de créditos hipotecarios; se la darán con gusto y le proporcionarán una solicitud.

Aunque le sugiero preguntar en al menos un banco importante (de preferencia uno donde tenga una cuenta de cheques y de ahorro, para ver si le ofrecen un trato preferencial), investigar un gran número de instituciones de crédito puede ser agotador y además innecesario. Puede matar varios pájaros de un tiro simplemente consultando a un corredor hipotecario.

En México, las hipotecas se consiguen en bancos legalmente establecidos. Los "Corredores hipotecarios" y los "Banqueros hipotecarios" son modalidades que no operan en nuestro país.

Corredores hipotecarios

Un corredor hipotecario es por lo general un agente inmobiliario a quien el estado ha otorgado una licencia específica para negociar con hipotecas. Suele ser un agente altamente capacitado, con gran experiencia y especialización en hipotecas y que tiene contactos con diversas instituciones de crédito.

Hipotecas al por mayor *vs* **hipotecas al por menor**. Si piensa que tiene problemas como comprador primerizo para localizar un prestamista apropiado, piense en el problema desde la perspectiva de los prestamistas. Ellos tienen diversos paquetes hipotecarios que son apropiados para distintos prestatarios, algunos perfectamente idóneos para quienes compran por primera vez. Pero, ¿cómo lo encuentran a usted?

Anunciarse es costoso y en gran medida poco práctico. Las personas no necesitan hipotecas de manera continua. Quizá requieran una sólo cada siete o nueve años.

Las recomendaciones verbales pueden ser eficaces, pero su alcance es también muy limitado. ¿Cuál es la probabilidad de que una persona que obtiene una hipoteca hable con otra que va a necesitar una en un futuro cercano?

Una de las fuentes más grandes de prestatarios para los prestamistas solían ser de hecho los agentes inmobiliarios. Recuerdo que hace unos 30 años los bancos y las sociedades de ahorro y crédito enviaban representantes a las oficinas inmobiliarias para exponer sus programas.

Pero en la actualidad hay muchos más agentes, muchas más oficinas y muchos más prestamistas, y los agentes se resisten a recomendar a uno solo por temor de que, si el prestatario/comprador tiene una mala experiencia, ello se refleje en el agente.

Lo que se requería era un sistema más eficiente, así que los prestamistas comenzaron a "vender al por mayor" sus hipotecas.

Para entender el principio que está atrás de esto, considere la compra de un par de zapatos en una tienda departamental. Una tienda de este tipo quizá ofrezca media docena de distintas marcas de zapatos, y cuando usted acude a ella, tiene manera de elegir. Cuando usted compra, paga el precio al por menor.

No obstante, esa tienda departamental tiene que tener una utilidad para continuar en el negocio, así que, como es de esperar, compra esos zapatos por menos del precio que usted paga por ellos. Los compra al por mayor, ya sea directamente del fabricante o mediante un mayorista que los vende en esa zona.

Hoy día, las hipotecas se manejan de forma similar. Los corredores de hipotecas son las tiendas departamentales: manejan hipotecas de diversos prestamistas, a veces sólo cuatro o cinco, otras veces hasta cien o más.

Cuando usted acude con el corredor, paga un precio de menudeo por su crédito. Sin embargo, para continuar en el negocio, el corredor hipotecario obtiene una utilidad del crédito. (No obstante, a diferencia de las tiendas de venta al por menor, el corredor no compra de hecho el crédito, sino que actúa como una especie de agente para el prestamista que provee los fondos.) Por lo común la utilidad no es grande, pues en promedio suele ser de $1,500. Ésos son los honorarios que el banco paga a un corredor hipotecario por encontrar un prestamista.

Sin embargo, en nuestra analogía había mayoristas que comerciaban con la tienda de departamentos además de los fabricantes directos. Lo mismo ocurre con las hipotecas. Suele suceder que un banco que está, por ejemplo, en Nueva Inglaterra, desee hacer créditos hipotecarios en California, pero no tiene manera de conseguir prestamistas en ese estado, así que ofrece sus créditos mediante un intermediario que actúa como mayorista. Es frecuente que el intermediario represente de 50 a 100 prestamistas. Esta persona obtiene el compromiso de prestar dinero a una cierta tasa y plazo y luego lo pone a disposición de corredores hipotecarios a quienes ofrece pagar una cuota por cada prestatario localizado.

Un corredor hipotecario activo puede ofrecerle hipotecas del banco y de la sociedad de ahorro y crédito que están a media cuadra y también de instituciones de ese tipo del otro lado del país. Además, las compañías de seguros y otras empresas que desean otorgar créditos hipotecarios pueden formar de igual manera un consorcio y comerciar al por mayor mediante el corredor hipotecario.

Por consiguiente, este profesional representa una ventana al mundo de las finanzas inmobiliarias y por lo general puede ofrecerle las opciones más amplias de financiamiento.

¿Puede usted comprar al por mayor? Muchas personas, una vez que conocen cómo funciona el sistema, se preguntan si pueden ahorrarse la diferencia entre el precio al por menor y al por mayor. ¿Por qué no pueden acudir directamente al banco y pedir un descuento equivalente a los $1,500 que recibe el corredor hipotecario?

La respuesta es que la tasa de interés, el tipo y las condiciones de la hipoteca que puede obtener directamente del banco XYZ o del mismo banco por medio del corredor hipotecario son exactamente iguales para usted. El banco no está dispuesto a vender a más bajo precio que el corredor hipotecario prestándole a usted en las condiciones de mayoreo.

La razón debe resultar obvia: es la misma por la que un fabricante no vende más barato que su expendio al por menor. Si lo hiciera, el expendio dejaría de vender su producto. Si el banco vendiera más barato que el corredor hipotecario, éste dejaría de buscar prestatarios para él, y eso, como vimos al principio, dejaría al banco con su problema original de encontrar buenos prestatarios.

Los corredores hipotecarios le pueden causar problemas

Por desgracia, no todos los corredores hipotecarios son iguales. Algunos trabajan diligentemente para conseguir la hipoteca que le conviene a usted, el comprador primerizo. Otros, que por fortuna son los menos, cobran honorarios adicionales (además de lo que el prestamista les paga), no siempre cumplen (el prestamista niega los fondos en el momento del cierre) y causan equívocos con la tasa de interés y las condiciones; en otras palabras, hacen trampa.

Como prestatario primerizo, usted debe estar en guardia. Procure llamar a dos o tres corredores hipotecarios distintos y entrevístese con ellos. Vea lo que le ofrecen y lo que dicen. No firme papel alguno y, en particular, no les dé dinero hasta que esté seguro con cuál de ellos desea tratar. (Pida también recomendaciones a varios agentes inmobiliarios. Como ya comentamos, a ellos les interesa que el corredor hipotecario actúe bien para que la operción se cierre, y quizá le puedan recomendar uno o dos que sean buenos.)

Corredor hipotecario *vs* **banquero hipotecario.** En los Estados Unidos, si usted busca corredores hipotecarios (*mortgage brokers*) en el directorio telefónico, encontrará que ese título está cerca del de "banqueros hipotecarios" (*mortgage bankers*). ¿Cuál es la diferencia?

Ya hemos visto lo que es un corredor hipotecario; un banquero hipotecario es un poco distinto. Un corredor hipotecario le presta a usted dinero de otras personas. Un banquero hipotecario presta su propio dinero. En cierto sentido, es como un banco.

No obstante, incluso esa definición no es del todo precisa. Un banquero hipotecario es como un mayorista que actúa en el nivel minorista; tiene por lo común varios millones de dólares para trabajar con ellos, y suele llevar muy bien la cuenta de lo que ocurre en el mercado secundario.

¿Recuerda los consorcios de bancos y compañías de seguros de otros estados de los que hablamos? Ellos forman parte del mercado secundario. Las instituciones semioficiales del gobierno de los Estados Unidos como Fannie Mae o Freddie Mac también son parte del mismo, dado que compran créditos hipotecarios de minoristas.

Pues bien, el banquero hipotecario reúne varios de los que considera como planes hipotecarios altamente competitivos y luego procura encontrar prestatarios como usted. Al recibir un crédito de este banquero, él lo financia con su propio dinero (algo que un corredor hipotecario nunca podría hacer). Después, toma su crédito, lo junta en un paquete con una docena o un ciento de otros créditos de otros prestatarios y vende todo en el mercado secundario. (De hecho, obtiene un compromiso por adelantado de un prestamista secundario, pero no es necesario entrar en esos detalles para nuestros fines.) Debido a que es capaz de hacer esto, usualmente obtiene un rendimiento más alto que un corredor hipotecario.

El beneficio que representa para usted tratar con un banquero hipotecario es que *algunas veces*, no siempre, puede ofrecerle una hipoteca con una tasa de interés y condiciones significativamente mejores de las que es posible conseguir en otra parte. Cuando busque un crédito inmobiliario, es recomendable llamar al menos a un banquero hipotecario.

Una advertencia, sin embargo: algunos banqueros hipotecarios por sí mismos operan sólo en el nivel mayorista; es decir, operan sólo por medio de corredores hipotecarios, como los bancos. Cuando llame, lo primero que debe preguntar es si ofrecen hipotecas directas al consumidor. Si no es así, pruebe con otro.

¿Cómo se debe hablar con un prestamista?

Recuerde, se trata de un negocio. Usted está ahí porque necesita una hipoteca. El prestamista está ahí porque necesita prestar dinero. Ninguno de los dos le está haciendo un favor al otro. Son negocios. De modo que, aunque sea la primera vez que usted pide un crédito hipotecario, no se presente ante el prestamista con el sombrero en la mano. Camine erguido, siéntese derecho y negocie como iguales. Se trata de un negocio.

La persona con quien usted trate será, en realidad, un vendedor. Es posible que esa persona trabaje con usted a lo largo del proceso de obtención del crédito, pero quizá tenga poco espacio para maniobrar si usted le solicita que renuncie a ciertos honorarios, como se describe más adelante. Por consiguiente, en general le conviene más hablar directamente con el corredor hipotecario o con un funcionario del banco o institución de ahorro y crédito. Si lo solicita desde el principio, usualmente no hay problema alguno y a la larga usted recibirá un mejor servicio.

¿Qué se debe preguntar a un prestamista?

Considere sus encuentros con los prestamistas como entrevistas. Usted los entrevista para ver qué es lo que le ofrecen. En consecuencia, es natural que desee saber qué es lo que está disponible que pueda beneficiarlo.

Tasa de interés

Lo más importante es la tasa de interés, pues va a determinar el monto de sus pagos mensuales. Pero asegúrese de entender la respuesta que el prestamista le da.

En los Estados Unidos, la norma para citar tasas de interés es para créditos *en conformidad a 30 años a tasa fija*.

Asegúrese de que ése sea el tipo de tasa que se le ofrece para que le sirva como base de comparación con otros prestamistas.

Si el prestamista comienza por citar sus tasas sobre hipotecas ajustables, le será más difícil comparar con otras ofertas. Las condiciones ajustables de cada prestamista serán ligeramente distintas; por tanto, comparar las tasas ofrecidas será como comparar manzanas con naranjas.

Para darse una buena idea de cuáles son en realidad las tasas en el momento en que usted busca una hipoteca, puede consultar al menos dos fuentes independientes: el periódico local y los agentes inmobiliarios.

Muchos periódicos de ciudades grandes muestran la tasa de interés vigente para hipotecas que cobran los prestamistas más grandes de la zona. Por lo general estos datos aparecen en la sección de bienes raíces del periódico dominical.

Muchas oficinas inmobiliarias grandes imprimen una lista de las tasas de interés que cobran diversos prestamistas y la ponen a disposición de sus clientes. En ocasiones la lista es publicada por compañías depositarias o aseguradoras de escrituras locales. Averigüe quién tiene la lista y consiga una copia actualizada.

Como ya mencionamos, lo común en los Estados Unidos es que los créditos operen en tasas fijas y plazos de 30 años. Debido a la inflación en México, las tasas fijas no son rentables para los bancos por lo que se manejan algunas alternativas sobre tasas variables, combinando en algunos casos pagos crecientes o pagos semestrales. No se usan plazos tan largos; los más usuales son a 10 y 15 años.

Sin embargo, existen tasas preferenciales para vivienda para personas de ingresos reducidos llamadas de "interés social", que son fondos y tasas controladas por el banco central del país. Estos recursos se canalizan a través de programas especiales, siendo los más importantes:

- El "Plan de Apoyo para la Edificación de Vivienda en Proceso de Construcción", diseñado para los constructores de vivienda.

Según el último acuerdo entre el gobierno y los bancos, éstos pueden disponer hasta del 10 por ciento de los recursos que les corresponden en el Programa de Apoyo a la Planta Productiva Nacional, para créditos de construcción de viviendas.

Se trata de "créditos puente" que se otorgan a constructores de vivienda para, posteriormente, individualizarlos como parte del programa para crédito a la vivienda.

Como en este programa se trata de viviendas nuevas, los bancos están autorizados a cobrar las comisiones por apertura de crédito que son comunes en los créditos de vivienda, con un máximo del 3 por ciento en caso de que se pague de inmediato o del 4 por ciento en caso de que el banco lo financie.

Los créditos nuevos que se afectarán en un fideicomiso especial serán financiados por el gobierno, en UDI'S al 6.5 por ciento real, con plazo de amortización de 25 años y pagos iguales del capital durante todo el plazo.

La tasa a cobrar será como máximo el 11 por ciento.

- El "Acuerdo para Fortalecer el Programa para la Vivienda de Interés Social Tipo FOVI"

Su propósito es establecer un programa de apoyo para incrementar en poco tiempo la edificación de vivienda de interés social tipo FOVI (Fondo de Operación y Financiamiento Bancario a la Vivienda), con el fin de ofrecer más opciones de vivienda a personas de pocos recursos.

• El "Fondo de Operación y Financiamiento Bancario a la Vivienda", que otorga principalmente créditos de largo y mediano plazo para el comprador
y, a solicitud del banco, el crédito puente para el
promotor-constructor.

Una vez que se otorga el préstamo, el pago
mensual del deudor queda indizado al salario
mínimo mensual del Distrito Federal durante el
plazo del crédito. El plazo máximo es de 25 años.

Tasa porcentual anual

Es necesario que usted sepa que la TPA (tasa porcentual
anual, APR en inglés) va a ser diferente de la que le ofrece el prestamista. La TPA (APR) que exigen las leyes sobre la verdad en los créditos requiere que el prestamista
incluya todos los costos. Esto significa que los puntos y
demás costos se incorporen para determinar la tasa.
Empero, la tasa de interés que se suele ofrecer sobre hipotecas es sólo la tasa que corresponde al interés, no los
costos adicionales.

Ambas cifras son útiles. La tasa ofrecida indica por
lo común la tasa de interés que se empleará para determinar las mensualidades. La TPA indica la tasa verdadera que usted pagará, con base en todos los costos. Use
la TPA cuando compare distintos tipos de hipotecas. Use
la tasa ofrecida cuando desee saber cuánto tendrá que
pagar cada mes.

Puntos. Pregunte también cuántos puntos cobra el prestamista por la hipoteca (recuerde que un punto es igual
al 1 por ciento del crédito). Un punto para una hipoteca
de $110,000 equivale a $1,100.

Los puntos suelen darse en una escala descendien-
te, según la tasa de interés. Si está dispuesto a aceptar
una tasa de interés ligeramente mayor, sus puntos de-

berán ser más bajos. Por otra parte, si paga más puntos, deberá obtener una tasa de interés menor. Por ejemplo, si le ofrecen 8.5 por ciento a dos y medio puntos, quizá también pueda conseguir 8.25 por ciento a cuatro y medio puntos, u 8.7 por ciento a medio punto. (La relación entre puntos y tasa de interés varía entre 1/8 y 1/4 de punto porcentual de interés por cada punto.)

Condiciones. Es necesario que conozca cuáles son las condiciones de la hipoteca. ¿Hay pagos globales (donde todo se vence y es pagadero en una fecha determinada)? Si se trata de una hipoteca con tasa ajustable, ¿cuáles son los incrementos, el margen, el índice y otras características? (Todo esto se explica en detalle en el capítulo siguiente.) En resumen, necesita todos los demás datos acerca de la hipoteca, para poder determinar si le conviene.

Honorarios. Los prestamistas cobran siempre ciertos honorarios. Le mostrarán una lista de los mismos tan pronto como solicite formalmente una hipoteca, pero es recomendable preguntar por ellos desde un principio. De esa manera, si le parecen improcedentes, no perderá su tiempo y podrá ir de inmediato a otra parte.

Éstos son los honorarios que por lo común puede esperar que le cobren en los Estados Unidos:

- *Por informe de crédito*: menos de $50.
- *Por avalúo de la propiedad*: de $250 a $400.
- *Por solicitud de crédito*: por procesarla, de $250 a $400; los prestamistas directos, como bancos o sociedades de ahorro y crédito, pueden renunciar a estos honorarios.
- *Puntos* (ya explicados)
- *Depósito para impuestos y seguro*: se emplea para establecer una cuenta de reserva que permite al prestamista pagar mensualmente los impuestos

semestrales y el seguro anual contra incendio (o de propiedad). Esto aumenta significativamente los pagos mensuales, pero para los compradores primerizos es recomendable contar con él porque significa que usted no se tiene que preocupar por pagar los altos cargos por impuestos y seguro. El depósito es obligatorio en todas las hipotecas con un enganche de menos del 20 por ciento, pero normalmente no se exige en aquellas con un enganche del 20 por ciento o más.

- *Póliza de seguro de título del prestamista*: es una póliza adicional que protege al prestamista. (El costo depende del valor de la propiedad.)
- *Prorrateado de intereses*: es el interés acumulado entre el momento en que se proveen los fondos de la hipoteca y el momento en que se inicia el interés del primer mes. (El interés hipotecario se paga al final del mes, a diferencia del alquiler, que se paga por adelantado.)

A veces se cobran al prestatario honorarios adicionales que se conocen en el medio como honorarios "basura". Se trata de conceptos adicionales agregados para aumentar las utilidades del prestamista sobre un crédito, especialmente cuando se trata con corredores hipotecarios; son menos frecuentes con prestamistas directos, como los bancos. Estos honorarios pueden incluir:

- *Por elaboración de documentos*: cualquier cantidad desde $50 hasta $300. Prácticamente no se requiere tiempo o esfuerzo para que una computadora emita documentos en estos días; por consiguiente, a menudo estos honorarios no se justifican.
- *Del intermediario*: por lo general, unos $300; sirven para cubrir el costo para el prestamista de vender la hipoteca en el mercado secundario. Sin embargo, eso es una parte normal del negocio y a usted no se le debería cobrar por este concepto.

- *Por iniciación del crédito*: hasta un punto o más. Ciertos créditos (los FHA en los EEUU, por ejemplo) tienen honorarios por iniciación legítimos. No así los créditos convencionales. Ésta es simplemente una forma más de hacer dinero. El prestamista debe solicitar ya sea puntos u honorarios por iniciación (equivalen a lo mismo); si le pide ambas cosas, es probable que no se justifique.
- *Por procesamiento del crédito*: cualquier cantidad desde $75 hasta $350. Una vez más, esto es pedirle a usted que cubra los costos normales de operación del prestamista, y generalmente no se justifica.
- *De compromiso, de garantía o bloqueo, de evaluación del crédito*, etc.: todos éstos reciben diversos nombres; la mayoría son honorarios basura que se agregan simplemente para aumentar el costo de la hipoteca para usted.

¿Debe usted negociar los honorarios?

¡Desde luego! Cuestione todos los honorarios sobre los que tenga dudas. Pregunte al prestamista si son normales y acostumbrados. Haga después la misma pregunta a otro prestamista de la zona. Si entrevista a tres, podrá determinar rápidamente cuáles honorarios no se justifican.

Después, pregunte al primer prestamista si está dispuesto a no cobrar esos honorarios si usted toma la hipoteca. Explíquele que otros no los cobran. Le sorprenderá hasta qué punto ceden los prestamistas para obtener el negocio, en especial en un mercado difícil.

Garantías o bloqueos. Se emplean para mantener la tasa de interés ofrecida durante un periodo determinado para que usted pueda conseguir una hipoteca. Son comunes en los mercados donde las tasas de interés tienden a subir.

Por ejemplo, si le han ofrecido 9 por ciento pero a usted le preocupa que durante el mes o más que toma cerrar el trato las tasas puedan subir al 9.5 por ciento o más, puede pedir al prestamista que bloquee la tasa. Se supone que esto garantiza que, dentro del marco temporal del bloqueo, usted obtendrá la tasa que se le ofreció originalmente. Sin embargo, si las tasas se elevan mucho, algunos prestamistas no respetan su propio bloqueo. Por ejemplo, suponga que le ofrecieron 8 por ciento y las tasas hipotecarias suben en el mercado al 9 por ciento. Para el prestamista, financiarlo a usted al 8 por ciento significa que él tiene que completar la diferencia de 1 por ciento. Ante esta situación, algunos prestamistas se olvidan simplemente del bloqueo.

Por consiguiente, es recomendable obtener el compromiso por escrito, aunque incluso esto no es una garantía si el prestamista es poco escrupuloso. Por ejemplo, un bloqueo por escrito puede ser válido sólo para 40 días. Usted tiene todo listo para obtener los fondos antes de 39 días, pero al prestamista se le pierde un documento "en el correo" hasta el día 41, y entonces el bloqueo ya no cuenta.

Algunos prestamistas cobran por un bloqueo. Considero que esto es normalmente un desperdicio de dinero. Si las tasas no cambian, usted obtiene su hipoteca a la tasa de interés ofrecida y el prestamista se queda con sus honorarios. Si las tasas cambian, un prestamista poco escrupuloso puede retrasar la aportación de fondos para el crédito alegando retrasos, como se explicó, y quizá le devuelva los honorarios de bloqueo. La única persona que pierde en este caso es usted.

¿Qué sucede después?

Una vez que haya encontrado un prestamista con el que se sienta a gusto, estará en condiciones de seguir adelante con la hipoteca. El prestamista le dará una larga solicitud que usted deberá llenar y devolverle con un cheque por concepto de la investigación de crédito y el avalúo. También se le pedirá aportar ciertos documentos para comprobar sus ingresos, su empleo y sus reservas de efectivo.

Al completar la solicitud, pero antes de devolverla al prestamista, *saque varias copias* de la misma. La razón es que casi todos los prestamistas emplean una forma estándar aceptada por los intermediarios más importantes, como Fannie Mae o Freddie Mac en Estados Unidos. Si después decide no continuar con ese prestamista en particular, no tendrá que llenar otra forma para otro, pues ya lo ha hecho. (Cuando vea lo larga y complicada que es, entenderá por qué le recomendamos hacerlo.)

La documentación que se le pedirá entregar puede incluir cualquiera de los documentos siguientes, o todos ellos:

- Talones de cheques de pago de sueldo
- Dos años de declaraciones del impuesto federal sobre la renta
- Formas fiscales W-2
- Copias de estados de cuenta de su banco (esto es necesario para cada uno de los bancos mencionados en la solicitud y específicamente para el banco del cual retirará el dinero para el enganche. Si trabaja con varios bancos, quizá le convenga mencionar sólo aquéllos en los que guarda la mayor parte de su dinero.)
- Una lista de cualquier otro nombre que haya utilizado, así como una lista de todas sus direcciones anteriores de hasta al menos siete años atrás
- Una copia del convenio de compraventa y cualquier contraoferta y adiciones firmadas, en su caso
- Una copia de los papeles de divorcio, en su caso
- Su tarjeta del Seguro Social y su licencia de conducir u otra identificación con fotografía

- Una copia de un "cumplimiento de dictamen" registrado, en su caso
- Una copia del convenio de venta si está vendiendo una residencia al mismo tiempo que adquiere una nueva
- Prueba de que cualquier inmueble que haya sido de su propiedad se vendió y que su antigua hipoteca se liquidó
- Cualquier documento adicional que el prestamista o asegurador pueda solicitar

Los prestamistas acostumbran decir que ya tienen todo lo que necesitan y una semana más tarde le llaman para pedirle algún otro documento. Lo que ocurrió fue que prepararon un paquete completo y lo enviaron al intermediario, quien determinó que algo faltaba, así que ahora regresan con usted para resolver el problema. Actúe con rapidez para proporcionarles los documentos adicionales, si es que desea la hipoteca.

La integración de la solicitud de crédito para un banco mexicano debe incluir:

a) Referencias comerciales, de tarjetas de crédito, líneas de crédito en tiendas comerciales, etcétera.
b) Referencias de créditos anteriores ya pagados o por pagar.
c) Referencias morales (familiares o amigos que no vivan con usted).
d) Comprobación de ingresos, tanto por parte de la empresa donde trabaja, como por las declaraciones de impuestos, de ser posible de los cinco últimos años.

En caso de ser profesional independiente o tener otros ingresos adicionales a la nómina, se requiere comprobarlos.

e) Relación patrimonial, que refleje qué tipo de propiedades (automóviles o inmuebles) tiene a su nombre.

f) Datos personales, número de dependientes en el aspecto económico, estado civil, tipo de acta conyugal, domicilio actual, tiempo de vivir en él.

g) Identificaciones oficiales (la licencia de automovilista no se considera adecuada, de preferencia se pide credencial de elector, pasaporte o cartilla del Servicio Militar Nacional en original).

h) Seguro de vida.

i) Resultados positivos de la investigación de crédito (cuyo costo usted ya pagó).

Nota: en algunos tipos de crédito se requiere proporcionar un aval, de preferencia una persona física, quien debe tener un bien inmueble sin gravar en la misma ciudad donde se otorga el crédito y cuyo valor sea superior, dos veces como mínimo, al valor del crédito solicitado.

Obtenga un "Estimado de buena fe"

En los Estados Unidos, según la RESPA (*Real Estate Settlement Procedures Act*; Ley de procedimientos para liquidación de inmuebles), el prestamista está obligado a proporcionarle un estimado de sus costos antes de tres días a partir del momento en que hace una solicitud de crédito. (Es probable que le entreguen la forma al presentar su solicitud llena.)

Generalmente, esta forma incluirá todos los puntos que ha comentado con el prestamista, junto con un estimado de los costos correspondientes. Si el prestamista estuvo de acuerdo en anular un cargo en particular y el mismo aparece en la lista, cuestiónelo. Recuerde también que los costos enumerados son *estimados*: pueden subir (pero muy rara vez bajar) para cuando se obtienen los fondos del crédito y se cierra el trato.

¿Qué ocurre si tiene un problema de crédito?

La verdad del asunto (independientemente de lo que los "reparadores" de crédito piratas dicen) es que usted necesita una cantidad considerable de buen crédito para obtener una hipoteca. Eso significa que tiene que haber obtenido y rembolsado oportunamente muchos créditos, personales, de automóvil y de tarjeta de crédito. También se requiere un historial excelente de pronto pago de todas sus cuentas (servicios públicos, gasolina, alquileres, etcétera.)

Incluso un par de pagos retrasados pueden significar que no se le conceda la hipoteca, o al menos un buen crédito "en conformidad". Una falta de pago, una quiebra o un juicio hipotecario puede impedir que consiga casi cualquier tipo de financiamiento.

(Aun así, es posible que pueda obtener financiamiento del vendedor o quedarse con su hipoteca; consulte el capítulo siguiente.)

Si su crédito es malo, no se puede arreglar. En los Estados Unidos, antes de proveer los fondos para una hipoteca, el prestamista verifica con las tres oficinas de crédito nacionales (TransUnion, Equifax y TRW). Si existe un problema, saldrá a la luz.

No obstante, en ocasiones podrá dar una explicación satisfactoria del problema. Si hay un error y cuenta con documentación escrita que lo pruebe, la mancha quedará borrada. O quizá pueda señalar circunstancias atenuantes, como el hecho de haber estado enfermo o desempleado en esa época. Eso no le garantiza la obtención de la hipoteca, pero puede ayudar.

Por otra parte, si es un comprador primerizo que en efecto ha hecho pagos morosos, ha dejado de pagar créditos o le han quitado su auto, simplemente no va a poder obtener una nueva hipoteca inmobiliaria. (En tal caso, verifique la posibilidad de obtener financiamiento del vendedor o quedarse con su hipoteca, opciones disponibles en los Estados Unidos.)

Mantener un buen crédito es vital para nuestra economía, donde lo que usted puede comprar suele depender en mayor medida de su calificación de crédito que de la cantidad de efectivo que tiene en la bolsa.

Capítulo 10

SELECCIÓN DE LA HIPOTECA APROPIADA

Existe una enorme variedad de hipotecas. Según una estimación hecha por un banquero hipotecario importante, en algún momento a finales de la década de 1980 había cerca de 700 variantes diferentes de hipoteca tan sólo en los Estados Unidos.

Es cierto que la mayoría se puede agrupar en unas cuantas categorías amplias. De cualquier modo, como comprador primerizo, usted enfrenta una tarea de enormes proporciones al tratar de enterarse de cuál es la mejor para usted. De hecho, con tantas opciones distintas, es posible que deje ir la mejor simplemente por desconocer su existencia.

En este capítulo intentaremos poner remedio a eso. Estudiaremos más de una docena de las hipotecas de uso más frecuente junto con sus variantes principales. Sin embargo, en vez de enumerarlas al azar, las examinaremos en términos de los beneficios que significan para usted. Este capítulo tiene cinco encabezados principales:

1. Hipotecas de enganche bajo
2. Hipotecas de pagos mensuales bajos
3. Hipotecas de fácil calificación
4. Hipotecas jumbo
5. Hipotecas para situaciones especiales

Como es natural, habrá cierto traslape pero, si usted es un prestatario primerizo, esta organización deberá ayudarle a elegir rápidamente la categoría que le aportará más beneficios.

Hipotecas de enganche bajo

Puesto que conseguir efectivo suele ser la parte más difícil en la mayoría de las operaciones de compra de inmuebles, examinemos las hipotecas que le permiten aportar el enganche mínimo. Todas estas hipotecas (con una excepción, como veremos) implican contar con algún tipo de seguro o garantía de que usted va a cumplir. En otras palabras, se puede dar un enganche menor porque una parte de la hipoteca está garantizada.

Hipotecas FHA

Estas hipotecas están aseguradas por la Federal Housing Administration (FHA; Administración federal para la vivienda) de los Estados Unidos. Desde la perspectiva de quien compra por primera vez, estas hipotecas son deseables porque el enganche normal es de sólo el 5 por ciento. (En ciertas zonas rurales y dentro de programas especiales, puede bajar hasta el 3 por ciento.) Esto significa que si la casa que usted va a comprar cuesta $100,000, sólo tendrá que conseguir $5,000 como enganche. Estoy seguro de que esto levantará el ánimo de muchos lectores. No obstante, continúe leyendo. Existen restricciones y aspectos negativos en relación con este tipo de hipoteca.

Los montos máximos de las hipotecas difieren de una comunidad a otra, con base en los precios medios de las casas de la zona. (Las cantidades máximas que se prestan cambian con frecuencia, pero pocas veces son muy altas, lo que significa que estos créditos no serían tan útiles en áreas de altos precios como California o Nueva York.) Si su casa está muy arriba del precio promedio o se encuentra en una zona de precios altos, un crédito FHA tal vez no sea conveniente.

Además, el crédito en sí es costoso: se debe pagar honorarios por apertura de crédito y casi siempre puntos adicionales, además de una fuerte prima de seguro de hipoteca. En el pasado esto se podía pagar mensualmente, como una cantidad nominal que se agregaba al pago mensual normal de la hipoteca. Sin embargo, y debido al gran número de hipotecas FHA que entraron en juicio hipotecario en la década de 1980, el gobierno cambió su política y exige que la prima de hipoteca se liquide por adelantado en un pago único. (No obstante, la hipoteca se puede incrementar en esta cantidad, de modo que no tendrá que entregarla en efectivo.) Además, el gobierno demanda requisitos estrictos en cuanto a crédito e ingresos de parte de los solicitantes, y no sólo el prestatario, sino también la casa, debe pasar una inspección especial de la FHA.

Uno de los beneficios adicionales de una hipoteca FHA es que es parcialmente asumible. Digo parcialmente porque el nuevo comprador debe cumplir con los requisitos de la hipoteca para poder asumirla. (En otro tiempo, cualquiera podía hacerse cargo simplemente de un crédito FHA sin que fuera necesario cumplir algún requisito.)

Los créditos FHA están disponibles en bancos, sociedades de ahorro y crédito y corredores hipotecarios.

Sólo pregunte por ellos y casi cualquiera que trabaje en ese campo podrá explicarle cómo operan y si son una opción viable en su área.

Hipotecas VA (Veteran's Administration)

Esta clase de hipoteca está garantizada (a diferencia de estar asegurada, como el crédito FHA que se ha descrito) por el Departamento de Asuntos de los Veteranos (Department of Veterans Affairs) de Washington, D.C. Está disponible sólo para veteranos de las fuerzas armadas de los Estados Unidos que estuvieron en servicio durante un número determinado de días durante periodos específicos. Es necesario verificar con la VA cuáles son esas fechas, debido a que se modifican ocasionalmente, y obtener un certificado de elegibilidad.

Si usted es un veterano calificado, éste puede ser un crédito excelente porque no se requiere enganche (aunque podría ser necesario alguno si la casa cuesta más que la cantidad máxima para la hipoteca). En otras palabras, si la propiedad cuesta $90,000, ¡su enganche es cero!

Además, el comprador no paga puntos por la hipoteca, lo que significa que el vendedor tiene que pagarlos. Esto es otra ventaja para usted; sin embargo, suele ser difícil encontrar vendedores dispuestos a pagar estos costos. Todo lo que el comprador debe pagar son ciertos costos nominales de cierre.

No obstante, hay un par de inconvenientes. Primero, la VA garantiza sólo un pequeño porcentaje de la hipoteca (el dinero inicial que el prestamista podría perder) y hasta cantidades máximas (mismas que cambian con frecuencia; consulte a la VA para conocer las cantidades vigentes). Es decir, como en el caso del crédito FHA, es probable que un crédito VA le sea útil sólo en las zonas menos costosas del país.

Segundo, se le considera a usted personalmente responsable del pago de la hipoteca. Si deja de pagar y pierde la casa por juicio hipotecario, usted sigue siendo responsable ante la VA por todo el dinero que esta dependencia paga como parte de su garantía a los prestamistas.

Tercero, aunque estos créditos son plenamente asumibles por cualquiera, usted no siempre queda relevado de su responsabilidad ante la VA cuando vende su hipoteca. Si el comprador subsiguiente deja de pagar, usted continúa siendo responsable por las pérdidas que pudiese sufrir la VA. Para evitar este riesgo futuro, usted debe ya sea liquidar la hipoteca cuando vende u obtener una "liberación de responsabilidad" de la VA. Pero la dependencia no suele otorgar este documento a menos que el siguiente comprador sea también un veterano y asuma la responsabilidad de la hipoteca.

Puede conseguir un crédito VA con casi todos los prestamistas, como bancos y sociedades de ahorro y crédito. Sin embargo, se requiere una buena cantidad de papeleo y algunos prefieren no emitir este tipo de créditos. Además, el hecho de que el comprador no puede pagar puntos, enganche ni muchos honorarios hace que estos créditos sean poco deseables para un buen número de prestamistas.

Hipotecas convencionales aseguradas (PMI)

Como señalamos en el capítulo 6, el crédito convencional estándar es por el 80 por ciento ya sea del valor de avalúo o del precio de venta, el que sea menor. Sin embargo, los prestamistas pueden aumentar la cantidad prestada hasta 90 o incluso 95 por ciento en ciertos casos, siempre y cuando usted sea un excelente sujeto de crédito y se cuente con un seguro de hipoteca privada (PMI: *private mortgage insurance*) sobre el crédito.

El PMI comenzó a existir en los Estados Unidos hace unos 20 años como un medio para que los prestamistas convencionales (sin seguro o garantía del gobierno) pudieran ofrecer créditos con enganche bajo (de hasta 5 por ciento, como antes se indicó). El seguro proviene de compañías privadas y cubre el 20 por ciento inicial de la hipoteca. En otras palabras, si usted deja de pagar y el prestamista embarga la propiedad y luego no consigue venderla por el monto de la hipoteca, el PMI cubre has- ta el 20 por ciento inicial de la pérdida del prestamista, porcentaje que en casi todos los casos constituye toda la pérdida de éste.

Una vez más, para usted, el prestatario, ésta es una oportunidad para dar un enganche bajo. Sin embargo, eso tiene algunos aspectos compensatorios. Primero, hay una prima de PMI que se debe pagar cada mes y que ge- neralmente equivale a entre un cuarto y tres octavos de punto porcentual, la cual se suma a la tasa de interés normal, con lo que el pago mensual se incrementa. En otras palabras, si su tasa de interés es de 8 por ciento, con el PMI se puede convertir en 8.25 por ciento.

Del lado positivo, en cambio, si usted permanece en la casa el tiempo suficiente para hacer pagos mensuales equivalentes al 20 por ciento *del precio original de compra (o si su casa aumenta de valor en esa proporción)*, puede ha- cer que el seguro de PMI se cancele y ahorrarse ese cuar- to de punto porcentual adicional.

Por desgracia, algunos prestamistas poco escrupu- losos han estado cancelando el PMI sobre propiedades que obviamente han aumentado de valor o han estado hipotecadas el tiempo suficiente para alcanzar el 20 por ciento de enganche, ¡para luego quedarse ellos mismos con la prima que el prestatario paga cada mes! Esto ha alcanzado el nivel de escándalo nacional en los Estados Unidos, y se están haciendo esfuerzos para exigir a los prestamistas el rembolso de la parte del pago mensual destinada al PMI cuando el seguro se cancela.

Para que el prestamista cancele el seguro sobre su propiedad si usted tiene PMI, deberá pagar por un nue- vo avalúo y una evaluación de su historial de pagos. Aun así, ésta es una fuente de ingresos tan lucrativa que muchos prestamistas se niegan a cancelar el PMI.

Cualquier prestamista privado ofrece por lo común algunas hipotecas con PMI, pero usted deberá tener un crédito de primera y altos ingresos para calificar. Además, la propiedad habrá de estar en una zona selecta con fuerte potencial de reventa.

En resumen, el PMI no es una panacea, pero para algunos compradores primerizos puede ser una forma estupenda de conseguir la hipoteca con poco enganche.

Financiamiento del vendedor

Éste es el método más antiguo de conseguir un enganche pequeño. En este caso, además de una nueva hipoteca que usted consigue de un prestamista institucional, también obtiene una segunda hipoteca del vendedor. Por ejemplo, recibe un crédito del banco por el 80 por ciento y el vendedor le presta un 15 por ciento adicional. En estas condiciones, usted puede conseguir la propiedad con tan poco como un 5 por ciento de enganche más los costos del cierre, además de que no es necesario calificar para la segunda hipoteca, porque proviene del vendedor. (Habrá más que decir al respecto en breve.)

El problema en este caso es que con frecuencia los vendedores no quieren conceder hipotecas debido al riesgo que implican (usted podría no pagarla) y porque necesitan el efectivo para comprar otra propiedad. Así pues, aunque a veces se puede encontrar un vendedor dispuesto a "cargar" con algún "papel" (como se conoce a estos créditos en el medio), no es tan frecuente.

La cantidad de la segunda hipoteca es un asunto entre usted y el vendedor. Sin embargo, en la actualidad muchos vendedores miran con recelo a cualquiera que quiera dar un enganche de menos del 10 por ciento en efectivo. La razón es que hace algunos años ciertos gurús de los bienes raíces propugnaban por que los compradores adquirieran casas sin enganche haciendo que el vendedor lo financiara por completo. A cambio de ello, el vendedor generalmente recibía un precio más elevado.

Sin embargo, a la larga, muchos de estos compradores inversionistas dejaron de pagar y los vendedores se vieron forzados a sufrir la pérdida de tiempo, el gasto y la angustia de tomar de nuevo sus propiedades y tratar de revenderlas. Otros perdieron todo. Como consecuencia, en la actualidad los vendedores se cuidan mucho del "financiamiento creativo".

Por añadidura, ahora muchos prestamistas institucionales fijan no sólo una cantidad máxima de crédito, sino también una cantidad máxima combinada de crédito.

Eso significa que, si bien usted puede obtener el 80 por ciento del precio por parte del prestamista, el mismo sólo le permitirá pedir el 10 por ciento en crédito del vendedor para un total combinado del 90 por ciento.

Existen otros métodos de financiamiento creativo que sí funcionan; sin embargo, quedan fuera del alcance de este libro.

Hipotecas de pagos mensuales bajos

Hasta aquí hemos examinado hipotecas que ayudan al comprador primerizo a hacerse de una casa con un enganche más bajo. Consideremos ahora algunos tipos distintos de hipoteca, proyectados específicamente para que los pagos mensuales sean más bajos.

(Tome en cuenta que algunos de los siguientes se pueden combinar con hipotecas de enganche bajo. Por ejemplo, se puede combinar una hipoteca de tasa variable con una PMI.)

HTV (Hipoteca de tasa variable)

Una HTV (ARM: *Adjustable Rate Mortgage*) puede reducir el pago mensual en una tercera parte o más, al menos en sus inicios. Por ejemplo, si su pago fuera de $900 al mes con una hipoteca de tasa fija, una de tasa variable podría reducir inicialmente ese pago a $600 al mes o incluso menos.

Esto tiene dos consecuencias importantes, en especial para quienes compran por primera vez: primera, con una mensualidad más baja podrá conseguir una casa y un vecindario mejores para los que de otra manera no llenaría los requisitos. Segunda, puesto que va a hacer un pago mensual menor, le será más fácil conservar un estilo de vida de más alta calidad.

Por otra parte, las HTV (ARM) tienen ciertas desventajas muy significativas. La más importante es que la mensualidad baja se mantiene sólo durante un tiempo relativamente breve (meses, o, en el mejor de los casos, unos pocos años). Después de eso, el pago mensual suele subir aceleradamente hasta un punto en que es de hecho más alto que si usted hubiera optado por una hipoteca de tasa fija.

Buena para el corto plazo. Por consiguiente, la HTV es particularmente útil si usted piensa habitar la casa sólo durante un tiempo corto, por ejemplo, tres años o menos. Durante ese tiempo ahorraría una cantidad considerable en pagos mensuales en comparación con una hipoteca de tasa fija.

Además, la HTV también es útil durante periodos en los cuales las tasas de interés son temporalmente altas. La HTV le permite hacerse de una propiedad a una tasa más baja cuando las tasas del mercado son elevadas. Después, cuando hayan transcurrido varios años y, se supone, las tasas hayan bajado, usted podrá hacer un refinanciamiento a una hipoteca de tasa más baja.

Éstos son los beneficios y las razones para obtener una HTV. Si le resulta atractiva, examinemos cómo funciona.

La razón por la que una HTV puede ofrecer tasas de interés inferiores a las del mercado es que, a diferencia de una hipoteca de tasa fija, su tasa de interés fluctúa. De hecho, dicha tasa está ligada a un índice financiero (que el prestamista no puede controlar) y sube y baja a medida que ese índice hace lo mismo.

Tasas "incitadoras". Sin embargo, la parte medular de este arreglo es que, cuando usted obtiene inicialmente la hipoteca, tiene una tasa "incitadora" muy baja. Esta tasa, cuyo propósito es atraer su interés y engancharlo con la hipoteca, ¡puede ser menos de la mitad de la del mercado! Por ejemplo, la tasa vigente para hipotecas quizá sea de 9 por ciento, y la tasa incitadora de un prestamista podría ser de sólo 4 por ciento. Eso significa que los pagos por la HTV (ARM), al menos al principio, van a ser por menos de la mitad de los pagos por una hipoteca de tasa fija. Eso es un muy buen incentivo.

El problema es que la tasa incitadora no suele durar mucho tiempo: por lo común no más de seis meses, y a veces tan poco tiempo como un mes. Después, se comienza a "ajustar" a las condiciones del mercado, es decir, sube; y continúa subiendo en periodos de ajuste fijos hasta que alcanza la tasa de mercado (o queda ligeramente arriba).

Por ejemplo, digamos que los periodos de ajuste son cada tres meses y los incrementos son de 1 por ciento. (Un "incremento" significa el ajuste máximo que se puede hacer durante el periodo.) La progresión sería como sigue:

Tasa incitadora	3 meses	6 meses	9 meses	1 año
4%	5%	6%	7%	8%

La hipoteca que se inicia con 4 por ciento puede duplicar el interés muy pronto hasta que, al final del año, ¡usted paga el doble!

Índices y márgenes. Qué tanto puede subir la tasa de interés es algo que está determinado por el índice que se utilice y el margen. En los Estados Unidos los índices comunes incluyen las tasas de los pagarés del tesoro (T-Bill), las tasas de fondos federales e incluso las tasas LIBOR (London Interbranch Bank Borrowing Rates). Por ejemplo, digamos que el índice está en seis. El prestamista agrega entonces arbitrariamente un margen, digamos tres; esto da la tasa de interés ajustada, como sigue:

Cálculo de una tasa de interés de HTV

Índice + Margen	=	Tasa de interés
6 + 3		= 9

Es obvio que, si el índice baja, lo mismo hace la tasa de interés. Pero si el índice sube, la tasa también aumenta.

Además, al inicio de la hipoteca, cuando se tiene la tasa incitadora, la verdadera es mucho más alta. Por ejemplo, la tasa incitadora puede estar en 4 por ciento, pero la verdadera quizá esté en 9 por ciento. Eso significa que en cada periodo de ajuste la tasa se elevará al máximo hasta llegar al 9 por ciento.

Sin embargo, continuará subiendo durante un tiempo (en ciertas HTV) hasta que se compense el interés perdido por el prestamista cuando era inferior a la del mercado. En resumen, usted no gana a la larga y podría incluso perder. Pero, si vende rápidamente antes de que la tasa aumente, podría ahorrar una buena cantidad.

Topes. Adicionalmente, muchas HTV ofrecen topes a la tasa de interés, lo cual quiere decir que no podrá subir más allá de un cierto máximo. El tope suele fijarse de 4 a 6 por ciento arriba de la tasa vigente en el mercado, así que es relativamente poco probable que la hipoteca llegue tan alto (a menos que de pronto se presente una inflación desbocada en el país). El tope es algo que "hace sentir bien", pero rara vez resulta útil.

Otras hipotecas ofrecen topes al pago mensual. Estos instrumentos garantizan que el pago mensual no se elevará más allá de un cierto punto. También en este caso el propósito es que usted "se sienta bien" respecto a tomar la hipoteca. El problema es que, si las tasas de interés se elevan hasta el punto donde el pago mensual debiera ser superior al tope, la diferencia que usted no paga se suele sumar a la cantidad en crédito. Además, puesto que se integra al monto de la hipoteca, ¡usted paga intereses (sobre ese interés) en el futuro! A esto se le llama amortización negativa y a quien compra por primera vez le conviene evitarla. Se trata de una definición perfecta de una "hipoteca fea".

Las HTV (ARM) son hipotecas complejas y por necesidad la descripción que aquí se da es breve. Estas hipotecas pueden ser una verdadera bendición para el comprador primerizo y vale la pena considerarlas seriamente, pero también conviene tener en cuenta sus desventajas.

HPG (Hipoteca con pagos graduales)

Este tipo de hipoteca se diseñó específicamente para el comprador de casa primerizo; tiene una tasa de interés inicial baja con incrementos en periodos establecidos (por lo general cada año) que elevan la tasa de interés y los pagos mensuales en cantidades predeterminadas. Con el tiempo, quizá unos siete años después, la tasa acaba por ser más alta que la tasa de mercado vigente cuando se hizo la compra.

La idea en este caso es que, a medida que usted se haga mayor y, supuestamente, sus ingresos aumenten, también lo hará el pago por la hipoteca. Hará pagos pequeños en un principio y luego, a medida que tenga (con suerte) mejores posibilidades económicas, sus mensualidades aumentarán.

A diferencia de una HTV, donde la hipoteca se ajusta de acuerdo con un índice y es imposible saber el monto de los pagos futuros, ésta es una hipoteca de tasa de interés fija, sólo que ésta cambia en momentos prestablecidos y en una cantidad previamente determinada.

Si usted proyecta un desarrollo profesional, lo que le va a proporcionar un ingreso creciente, esta hipoteca podría resultarle conveniente. El problema, desde luego, es que el programa de pagos es inflexible, y si su carrera profesional desciende en picada, es posible que no consiga hacer ese pago mensual siempre mayor y podría perder su casa.

Ahora bien, la ventaja es que con una HPG nunca tendrá que preocuparse por una amortización negativa y tampoco recibirá sustos, pues sabrá con suficiente anticipación qué cantidad tendrá que pagar cada mes.

Hipoteca convertible

Éste es el tipo de hipoteca que prefiero y el que más recomiendo a los compradores primerizos, pues combina lo mejor de la hipoteca de tasa variable con lo mejor de la de tasa fija. A continuación describo su funcionamiento.

La hipoteca tiene dos periodos diferentes: un periodo inicial de crédito y luego un periodo secundario. Aunque los plazos pueden variar considerablemente, generalmente durante el periodo inicial se tiene una hipoteca de tasa fija inferior a la del mercado. Durante el periodo secundario, se tiene una hipoteca de tasa variable bastante fea.

Por ejemplo, si la tasa vigente en el mercado es de 8 por ciento y usted obtiene una hipoteca convertible a tres años, esto significa que durante los tres primeros años de su hipoteca, sus pagos tal vez se basen en una tasa de interés de 7 por ciento amortizada (pagada en pagos iguales) a lo largo de 30 años, lo mismo que si tuviera una verdadera hipoteca de tasa fija a 30 años. Ahorra el 1 por ciento durante los tres años.

Sin embargo, al final del tercer año, la hipoteca suele convertirse en una de tasa variable con un alto margen y un índice volátil, y por lo común usted termina pagando más que la tasa de interés del mercado.

Las hipotecas convertibles como la descrita están disponibles a diversos plazos, siendo las más comunes a tres, cinco, siete y diez años, todas amortizadas a lo largo de un periodo de 30 años. Se describen por su plazo: 3/30, 5/30, 7/30, etc. Cuanto más corto sea el periodo inicial de interés fijo, más ahorrará usted sobre su hipoteca.

La ventaja en este caso es que usted sabe por adelantado cuál va a ser su pago mensual durante un tiempo fijo. Si es como la mayoría de las personas, es muy probable que su intención sea vender antes de que ese periodo termine, con lo que obtendrá los beneficios sin incurrir en las desventajas (la tasa de interés variable alta).

Las hipotecas convertibles tienen diversas variantes, siendo la más común una hipoteca de interés variable que se inicia de una manera bastante agradable, con un buen índice, márgenes razonables e incrementos justos. No obstante, en un punto determinado, generalmente entre el tercer año y el quinto, usted tiene por única vez la opción de convertirla en una hipoteca de tasa fija a las tasas de interés vigentes en ese momento.

De sólo interés

Una de las opciones más recientes en el campo de las hipotecas de casas, y que representa una posibilidad para quien compra por primera vez es el crédito de sólo interés.

Se trata de una hipoteca de tasa fija en la que, como su nombre implica, en vez de rembolsar intereses más capital cada mes, usted paga sólo intereses.

No obstante, y a causa de las matemáticas de la amortización (el rembolso) de los créditos, esto ofrece sólo un pequeño ahorro, quizá del orden de menos del 5 por ciento del pago mensual. (La mayor parte de los intereses se pagan al inicio de la hipoteca, y la mayor parte del capital se rembolsa al final.)

Si usted no ha pensado quedarse con la propiedad mucho tiempo y desea una hipoteca con una tasa de interés fija un poco más baja, ésta es otra opción.

Hipoteca de pago global

Este tipo de hipoteca a veces permite a quien compra por primera vez pagar una tasa de interés más baja y, por tanto, hacer pagos más reducidos. Pero tenga cuidado: podría terminar perdiendo su casa si no actúa de manera oportuna.

Una hipoteca de pago global es cualquier tipo de hipoteca que no se amortiza totalmente, es decir, que no se liquida en pagos iguales. Usualmente, esta clase de crédito se hace por un número bastante reducido de años, por ejemplo, cinco, durante los cuales usted paga sólo intereses. Al final de ese tiempo, la hipoteca se vence completa en un solo pago enorme (global).

Hipotecas de fácil calificación

Hasta aquí hemos analizado las hipotecas que permiten comprar con un enganche menor y las que ofrecen un pago mensual más bajo. Pero, en ocasiones el problema no está en los pagos o en el enganche, sino en el crédito: quizá por un historial de crédito malo, o por no tener un ingreso fuerte, no cumple con los requisitos para los tipos de hipotecas que hemos descrito. Una vez más, eso es frecuente en el caso de los prestatarios primerizos que suelen hallarse en proceso de establecer su crédito y progresar en sus carreras profesionales. Para estas circunstancias hay varias opciones disponibles.

Financiamiento del vendedor

Aunque ya tocamos el tema, es conveniente hacer cierta consideración adicional para compradores primerizos que tienen problemas para calificar.

Cuando un vendedor le da a usted parte del precio de compra de una casa (bien sea una casa, un departamento o condominio horizontal, una propiedad horizontal o cooperativa) en una hipoteca, por lo común los requisitos son pocos o ninguno. Bueno, tal vez tenga que presentarle un informe de crédito al vendedor, pero por lo general eso es todo. Compare esto con la extensa documentación, el ingreso mínimo y el buen crédito que exige un prestamista institucional y verá rápidamente que ésta es una excelente manera de obtener un financiamiento fácil.

El truco está en encontrar un vendedor dispuesto y capaz de hacerlo. Un buen número de vendedores le ayudarán recibiendo una segunda hipoteca, generalmente no mayor del 10 por ciento del precio de venta. Recuerde que casi siempre el vendedor necesita el efectivo para comprar otra casa él mismo, y muchas veces adeuda una buena cantidad sobre su propia hipoteca.

De modo que, si usted es un comprador primerizo con problemas para calificar para una hipoteca nueva, le conviene dedicar un poco de tiempo a revisar las listas de un corredor en busca de vendedores que, o bien hayan liquidado su propiedad o tengan un hipoteca pequeña sobre ella. Si está liquidada, le podrían conceder una hipoteca por el 80 por ciento o más del precio, o quizá una por el 20 o 30 por ciento y usted podría obtener una primera hipoteca institucional por el 50 o 60 por ciento (para la que es mucho más fácil reunir los requisitos).

¿Por qué razón haría esto un vendedor? Porque algunas veces no desea efectivo, sino un ingreso, y el interés hipotecario suele contarse entre los intereses a largo plazo más altos que se pagan. Un vendedor jubilado podría verlo como la solución perfecta a su problema.

No olvide que ésta es una posibilidad remota. No hay muchos vendedores con una buena cantidad de efectivo invertida en su propiedad y que estén dispuestos a ayudarle con el financiamiento, aunque sí existen. Recuerde solamente que no tendrá tantas opciones en términos del vecindario y de la casa.

Hipotecas asumibles

Otra manera de dar la vuelta a las dificultades para calificar consiste en encontrar una casa ya gravada con una hipoteca grande y asumible. "Asumible" significa que usted puede hacerse cargo de ella.

Casi ninguna hipoteca moderna es asumible, esto es, cuando el prestatario actual vende la casa, debe liquidar la hipoteca; el nuevo comprador no puede asumirla.

Pero unas pocas todavía lo son: muchas de ellas son HTV, hipotecas FHA más antiguas (de más de diez años) y créditos VA. Las FHA más recientes y la mayor parte de las HTM todavía exigen ciertos requisitos, pero por lo común no son tan estrictos como cuando usted solicita un crédito nuevo. Además, todavía existe uno que otro crédito a la antigua, plenamente asumible, que se puede encontrar por ahí.

Compra "sujeta a"

Cuando le explique a su agente su problema de calificación, sin duda saldrá a colación el tema de la compra "sujeta a" como posible solución. Con ella usted adquiere una propiedad sin asumir la hipoteca existente y sin liquidarla. La trata, de hecho, como si no existiera, más o menos.

Lo que ocurre es que el vendedor "olvida" decir al prestamista que la propiedad se vendió y usted continúa haciendo los pagos sobre la hipoteca del vendedor. Usted registra la escritura a su nombre después de pagar el enganche y tomar posesión. La venta es legítima, pero el financiamiento no lo es.

Si el prestamista lo descubre en algún momento (lo que en realidad sucede sólo un 50 por ciento de las veces, cuando se le da aviso de que la escritura se va a registrar a nombre de alguien más), puede iniciar de inmediato el juicio hipotecario para recuperar la propiedad... o no. En tanto los pagos continúen llegando, en particular cuando el mercado de la vivienda está deprimido, puede optar simplemente por hacerse de la vista gorda. (Una forma de hacer esto se conoce como "combinación", en la cual se pueden incluir varias hipotecas.)

Es obvio que ésta no es una alternativa recomendable para personas medrosas, pues se podría perder rápidamente la casa y el enganche.

Hipotecas jumbo

Éstas son hipotecas muy grandes que es frecuente encontrar en áreas de alto costo.

Préstamos en conformidad

Aunque no lo he subrayado, de lo que hemos estado hablando principalmente hasta aquí es de hipotecas en conformidad, es decir, las que están por debajo del límite del intermediario para su venta en el mercado secundario, que actualmente se fija en $203,400. (La cantidad máxima cambia con frecuencia, así que consulte con un prestamista.) El hecho de que el prestamista se deshaga o no de esta hipoteca en el mercado secundario no es importante en realidad; sí lo es que la hipoteca reúna los requistos para su venta en el mercado secundario.

Sin embargo, es posible que usted viva en una zona donde los precios de las casas son considerablemente más altos que el máximo en conformidad. En ciertas ciudades de California, por ejemplo, no se puede comprar la casa más barata con una hipoteca de \$203,400. ¿Qué hacer si necesita un crédito jumbo?

Sospecho que quienes andan en busca de estos créditos pertenecen a la minoría de los compradores primerizos. No obstante, vale la pena mencionarlos al menos para que usted sepa de qué hablan los prestamistas cuando los mencionan.

Cualquier hipoteca superior al límite para el mercado secundario se considera jumbo. La hace un prestamista individual (casi siempre un banco o una sociedad de ahorro y crédito), no se vende en el mercado secundario y puede ser por cualquier cantidad hasta un millón de dólares o más. (A veces se le llama hipoteca de cartera, lo que significa que el prestamista la conserva en su propia cartera de créditos.) Tiene una tasa de interés un poco más alta (según las calificaciones del comprador) y, por esa razón, a los prestamistas les agradan mucho. Dinero es dinero, y así reciben más intereses sobre él.

Si necesita una hipoteca jumbo, consulte con un banco o sociedad de ahorro y crédito de su área, aunque ciertos corredores hipotecarios también las manejan. Los programas de crédito varían considerablemente y a veces se pueden conformar de manera específica para satisfacer necesidades particulares. Éstos son en realidad créditos que se adaptan a la medida para necesidades y propiedades específicas.

Hipotecas para situaciones especiales

Existen otros tipos de hipotecas que se emplean para situaciones especiales. Ninguna me parece recomendable para quien compra por primera vez; no obstante, quizá algún agente o vendedor le hable de ellas y sin duda usted querrá saber algo al respecto.

Arrendamiento/opción

Si usted es un comprador primerizo con poco o ningún dinero para un enganche, tal vez le convenga considerar esta forma alterna de financiamiento: "pagar mientras se alquila" para ahorrar dinero para un enganche. Tenga presente, sin embargo, que se requiere mucha disciplina para que funcione.

En este caso no interviene hipoteca alguna. En su lugar, usted y el vendedor se ponen de acuerdo sobre un plan de opción de compra (que se expone en detalle en un convenio firmado). De acuerdo con el plan, usted consiente en alquilar la propiedad del vendedor durante un cierto número de años (de uno a tres). Durante ese tiempo, los pagos que hace se dividen en dos partes: una parte representa el alquiler; la otra, el dinero de la opción que se destina a un enganche. Cuando el total del dinero pagado cada mes es suficiente para cubrir el enganche, procede a conseguir una hipoteca y el vendedor le otorga la escritura de la propiedad.

Por ejemplo, usted encuentra un departamento en condominio que le agrada. Su costo es de $90,000 y se necesita un mínimo de $9,000 como enganche, pero no tiene suficiente dinero para darlo completo.

Por consiguiente, hace arreglos para obtener un arrendamiento/opción. Su pago podría ser de $900 al mes; $525 de esa cantidad podría asignarse al alquiler y $375 al pago del enganche. Después de 24 meses, usted habría pagado al vendedor $9,000 ($375 x 24) más el alquiler. En ese momento, ejerce la opción de compra y obtiene una hipoteca por el 90 por ciento. El vendedor le acredita $9,000 como pago del enganche y usted adquiere la propiedad.

Esta alternativa puede ser buena para usted como prestatario primerizo, porque lo obliga en efecto a ahorrar para el enganche. Además, la cantidad que usted paga por concepto de alquiler suele ser inferior al precio de mercado. Por ejemplo, el condominio mencionado podría tener un valor de alquiler en el mercado de $700 mensuales, pero el vendedor lo reduce a $525 para conseguir una venta futura. Usted, por otra parte, paga doscientos dólares más cada mes porque sabe (o espera) que ese dinero se destina a un futuro enganche.

De lo que tiene que estar seguro en un arrendamiento/opción es de poder satisfacer los requisitos para una primera hipoteca nueva cuando se cumpla el tiempo de la opción. Si paga durante los dos años del ejemplo anterior y luego descubre que no califica para una hipoteca, no podrá completar la compra y perderá el dinero adicional que ha invertido en la propiedad.

De hecho, y aunque muchos vendedores esperan honestamente que usted podrá comprar en último término su casa, algunos (en particular ciertos inversionistas particularmente refinados) juegan el "juego" del arrendamiento/opción: buscan en especial compradores primerizos que en realidad no tienen forma de calificar para la nueva hipoteca. Estos vendedores poco escrupulosos cuentan con que usted no podrá reunir los requisitos para una hipoteca y no estará en condiciones de ejercer la opción; lo hacen para echarse a la bolsa doscientos dólares más al mes por el alquiler.

Es fácil encontrar muchos vendedores dispuestos a vender con base en una opción de arrendamiento cuando el mercado de bienes raíces está a la baja; como no pueden vender en efectivo, toman la mejor alternativa siguiente, que es el arrendamiento/opción. En cambio, en un mercado saludable, no es probable encontrar muchos vendedores auténticos que ofrezcan este arreglo.

Es recomendable registrar el arrendamiento/opción. De esa manera usted tiene la seguridad de que el vendedor no puede vender la propiedad a alguien más mientras usted la está alquilando y espera para ejercer su opción. Asegúrese de que el propietario otorgue su firma ante notario para que el documento se pueda registrar.

Hipoteca de apreciación compartida

Éste es también un tipo de hipoteca que los compradores primerizos pueden usar cuando disponen de poco o nada de dinero para un enganche o necesitan uno más bajo. Es un concepto ideado por los prestamistas hace unos años cuando las casas aumentaban rápidamente de valor. El prestamista le ofrece una hipoteca a una tasa de interés inferior a la del mercado o sin enganche. A cambio, usted le ofrece una participación en el valor líquido de la propiedad: cuando usted venda, compartirá las utilidades sobre la venta con el prestamista.

Esto plantea algunos problemas obvios: primero, ¿qué sucede si no desea vender? En muchos casos, los convenios de crédito exigían que la propiedad se vendiese o de lo contrario se pagase una tasa de interés mayor.

Segundo, ¿qué ocurre si la propiedad no aumenta de precio, como sucedió en muchas zonas de los Estados Unidos a principios de la década de 1990? En tal caso ni usted ni el prestamista ganarían dinero alguno.

A causa de estos problemas, no sé de ninguna hipoteca de apreciación compartida que esté disponible en este momento. La única posible excepción tiene que ver con ciertas organizaciones caritativas que las ofrecen a compradores primerizos o a familias necesitadas, para la compra y rehabilitación de casas en áreas deprimidas de unas cuantas ciudades del este de los Estados Unidos.

Hipoteca de anualidad inversa

Esta hipoteca no es para quien compra por primera vez, pero está adquiriendo cada vez más popularidad entre las personas mayores. En este caso, en vez de usar la hipoteca para comprar una casa, se utiliza como una especie de refinanciamiento. Los propietarios permanecen en la casa y, en vez de recibir un pago único, reciben una cierta cantidad cada mes por el resto de sus vidas. Cada pago mensual incrementa la hipoteca (y la cantidad de interés que se debe pagar). Con el tiempo, la propiedad de la casa recae en el prestamista.

Los problemas se presentan cuando los prestatarios viven mucho tiempo y la hipoteca comienza a exceder el valor de la propiedad. Por tanto, cualquiera que busque este tipo de hipoteca necesita tener una garantía que la respalde. La FHA ha estado ofreciendo dicha garantía en un número limitado de situaciones de prueba.

Compras con descuento

Quizá se tope con esta opción si es usted un comprador primerizo que está adquiriendo una casa de una constructora. Para inducir a los compradores, en especial a los primerizos, a comprar casas nuevas, el constructor puede ofrecer tasas de interés inferiores a las del mercado sobre el financiamiento. Por ejemplo, la tasa de interés vigente puede ser del 9 por ciento, pero la constructora, sólo mediante su propio prestamista, quizá ofrezca 8 por ciento, o quizá ofrezca una escala gradual: por ejemplo, 6 por ciento el primer año, 7 por ciento el segundo, 8 por ciento el tercero y, finalmente, la tasa de mercado de 9 por ciento en el cuarto año.

Para hacerlo, la constructora paga al prestamista la diferencia entre la tasa de mercado y la tasa de interés que usted paga. Debido a que paga todo de una vez desde un principio, la diferencia es en realidad menor de lo que sería para usted si tuviera que pagarla mensualmente, pero, de cualquier manera, suele ser de varios miles de dólares.

¿Es ésta una buena opción para usted? Sí, siempre y cuando la constructora no haya inflado el precio de la casa para compensar el mejor financiamiento.

Además, si usted puede pagar la tasa de interés vigente, quizá le convenga pedir a la constructora que le acredite el dinero que le costaría a ella la compra con descuento. Por ejemplo, si le cuesta $5,000, quizá esté dispuesta a rebajar esa cantidad al precio o incluso ofrecérsela a usted como un crédito a cuenta del enganche, si su prestamista lo permite.

Hipotecas disponibles en México

A diferencia de las múltiples opciones de hipoteca que hay en los Estados Unidos, las alternativas en México dependen más bien del banco que se seleccione para obtener el crédito. De un banco a otro se pueden encontrar ahorros tanto en tasas, plazos y comisiones diversas, como en la investigación de crédito, el avalúo y los gastos de escrituración.

A partir de la emergencia financiera originada en 1994, los bancos tratan de hacer efectivos los adeudos de sus deudores mediante diversos programas (entre los que sobresale el "Acuerdo para Deudores y Esquemas de Condonación de Intereses y Ampliación de Plazos"), basados en las denominadas "Unidades de Inversión" (UDIS), que no son otra cosa que una fórmula para dar a la moneda valor presente, considerando la inflación mensual y el aumento en los salarios mínimos.

Todo este esquema y sus resultados a la fecha parecen pronosticar una temporada larga de restricción crediticia que puede durar de cinco a ocho años más, y deja los recursos bancarios como una opción accesible sólo para personas con un alto nivel de ingresos, ingresos que además deben poder demostrar y ser el resultado de una actividad estable.

En términos generales, cabe mencionar que la escasa oferta de crédito hipotecario actual establece el requisito de llenar el siguiente perfil:

a) Un pago mensual de cerca de $20 por cada $1,000 de crédito solicitado.
b) Un ingreso de cerca de cuatro veces el importe del pago mensual.
c) En algunos casos, dependiendo del solicitante o del banco, el ingreso debe ser neto, deduciendo el pago que se realiza por otros compromisos contraídos en forma periódica.

Así, por ejemplo, una persona que desee adquirir una casa de $4,500,000, tendría que realizar un pago mensual de $10,000 y tener ingresos mínimos de $40,000, no afectados por otros compromisos mensuales.

Como podemos observar, estos ingresos corresponden a sueldos de niveles directivos, cuando que una casa habitación de $500,000 no es una propiedad acorde con el nivel de vida que puede tener un ejecutivo con ese ingreso.

Autofinanciamiento

A raíz de los sucesos derivados de la devaluación del peso mexicano en diciembre de 1994, el mercado financiero nacional empezó a ser objeto de una importante transformación.

El crédito bancario, que hasta entonces había sido la principal fuente de financiamiento para operaciones inmobiliarias, fue frenado por los bancos, quienes sufrieron en forma creciente el incumplimiento de sus deudores respecto a los compromisos contraídos.

Surgieron entonces nuevos esquemas, que empezaron a expandirse rápidamente, para atender las necesidades permanentes de financiamiento, destacando el esquema de autofinanciamiento.

A la fecha existen cerca de 40 empresas de autofinanciamiento autorizadas para operar en México.

Este método empieza a adquirir un papel de competencia importante en la oferta de dinero fresco para adquirir inmuebles.

Consiste en la integración de consumidores en grupo abiertos o cerrados que aportan periódicamente sumas de dinero para ser administradas mediante un fideicomiso bancario, para mayor seguridad de los miembros.

Se establece que las aportaciones sólo podrán usarse en la construcción, ampliación, remodelación o adquisición de bienes inmuebles.

El procedimiento de adjudicación más común es el siguiente:

a) Antigüedad o constancia en el ahorro.
b) Calificación o puntuación.
c) Subasta.
d) Sorteo.
e) Puntuación por puntualidad.
f) Adjudicación directa.

Ejemplos de monto de aportaciones en autofinanciamiento

Monto	Inscripción a 10 años	Pagos iguales a 10 años	Pagos crecientes
$120,000	$1,518	$1,138	$623
300,000	3,795	2,845	1,557
600,000	7,590	5,690	3,115

Nota: estos montos no incluyen el o los seguros de vida; las cuotas varían de una empresa a otra.

Los puntos básicos a conocer para seleccionar a la compañía más adecuada, así como el monto y el plazo, son los siguientes:

- Confiabilidad y calidad en el servicio.
- Tiempo mínimo de adjudicación.
- Porcentajes de cuota de administración.
- Tipo y tiempo de actualización inflacionaria.
- Cuota de inscripción.
- Penas convencionales, por cancelación o incumplimiento.
- Flexibilidad en el sistema para con los solicitantes.
- Plazos en años.

Compras con descuento

Cuando se pretende comprar una casa que está en construcción dentro de un conjunto, un grupo de casas o un fraccionamiento nuevo, usualmente el constructor o promotor (en preventa) ofrece algún tipo de descuento para evitar mandar a ese cliente al banco a tramitar su crédito hipotecario.

En estos casos se puede analizar la conveniencia de comprar a corto plazo (12 o 18 meses) con costos finales más controlados de los que implica un crédito.

El constructor no entrega la casa hasta recibir el pago total y evita los trámites mencionados.

El tipo de comprador en estos casos se restringe a aquellos que cuentan con ingresos importantes en un plazo relativamente corto.

Esta opción implica seguar el cabal cumplimiento de la empresa constructora en la entrega de la casa y el total de obras a construir, en el plazo y la calidad que deben mencionarse en el contrato privado de compraventa.

Capítulo 11
_____

CÓMO ABORDAR LA ANSIADA MUDANZA

¿Es divertido mudarse? Yo me he mudado a una nueva casa, en promedio, cada tres años durante los últimos 30 años. Se podría pensar que me he convertido en un experto en esas cuestiones. Empero, aunque he llegado al punto en que puedo decir que es rápido, eficiente y tolerable, de ninguna manera puedo afirmar que es divertido. Usted, por otra parte, quizá vea las cosas de distinta manera.

Es importante entender que mudarse a una casa por primera vez puede ser un poco diferente a mudarse de un departamento a otro. Los objetos que es preciso traer son otros; fijar el momento de la mudanza puede ser difícil en sí; y además está la alternativa de contratar una compañía de mudanzas o hacerlo por cuenta propia.

En este capítulo analizaremos la mudanza misma: cómo convertir lo que es en esencia una situación tensa y extenuante en algo más placentero. Además, quizá encontremos maneras de ahorrar un poco de dinero.

¿Para cuándo conviene planear la mudanza?

Proyectar la fecha para la mudanza a su nueva casa puede ser un poco complicado. Normalmente, no le darán posesión hasta que se reciban los fondos de su nueva hipoteca y la operación se cierre. En ese momento el vendedor entregará las llaves y la propiedad será suya.

No obstante, es difícil conocer esa fecha exacta con mucha anticipación. Son varias las cosas que pueden retrasar el proceso de venta: el vendedor puede tener un problema con el título de propiedad y eso podría demorar el trato; quizá se requiera algún trabajo de reparación, lo que significaría un nuevo retraso; el prestamista podría tener una duda o dos acerca de sus ingresos o su crédito: otra demora. Y así sucesivamente.

En ocasiones, muy raras, el trato se cierra antes de lo previsto, pero casi siempre se presenta algún problema que retrasa las cosas.

Pero, ¿qué pasa si su alquiler se vence el día 30 y usted cuenta con mudarse ese día? ¿Y si es en esa fecha que sus amigos han aceptado venir a ayudarlo? ¿Y si ésa es la fecha en que vendrán los de la compañía de mudanzas? ¿Qué sucede si el agente o el prestamista llama una semana antes y dice: "Lo siento, nos hemos retrasado unos pocos días (o semanas)"?

Pienso que es mejor ir a la segura y esperar que se presenten demoras en vez de contar con que las cosas avanzarán como un reloj y llevarse una sorpresa. Quizá se trate de un caso de la ley de Murphy: si las cosas pueden salir mal, lo harán. Tal vez ésa es simplemente la manera como funcionan las operaciones de bienes raíces. De cualquier modo, si es la primera vez que usted adquiere una casa, le sugiero que prevea que la operación no se cerrará a tiempo y no se le dará posesión en la fecha acordada. Es muy probable que sea después.

Cómo manejar los cierres demorados

Lo importante en este asunto es no hacer compromisos que no se puedan romper, todos los cuales dependen de una fecha en particular. Analicemos las cosas una a la vez. En primer lugar, su casa actual, la cual supondré que es un departamento.

Dé aviso a su casero con al menos 30 días de anticipación. (Si tiene un contrato de arrendamiento, está obligado a continuar con el alquiler hasta que expire el plazo, y el casero puede forzarlo a cumplirlo. Generalmente es necesario tener una muy buena razón para cancelar un arrendamiento. Por otra parte, quizá su casero sea una persona accesible que acceda a liberarlo con sólo pedirlo.)

Además, explíquele que no está seguro respecto a la fecha. Usted espera que sea a fin de mes, pero podría demorar un par de semanas más. Si es ése el caso, ¿le permitiría pagar por semana hasta que tenga que mudarse efectivamente?

Algunos caseros son muy decentes y accederán a lo que usted pide, en especial si ha estado alquilando su propiedad por largo tiempo y ha sido un buen inquilino. Otros piensan sólo en la forma más eficaz de ganar dinero, que es conseguir que usted se mude el día 30 y otro inquilino ocupe el departamento el día siguiente. De hecho, es posible que ya tengan un nuevo inquilino listo para ello. No obstante, usualmente usted puede pagar un mes de alquiler adicional, si es necesario, y quedarse esos 30 días.

Es importante saber por adelantado cómo va a manejar el casero la situación; si es inflexible, quizá le convenga hacer arreglos para guardar temporalmente sus muebles y vivir con un amigo (o en un hotel). No es la situación óptima, pero si tiene que hacerlo, no hay más remedio.

Quizá se vea tentado a dejar simplemente sus muebles en el departamento y no mudarse por un par de semanas, pensando en que al casero le va a tomar un mes o más desalojarlo y le va a costar mucho dinero. Además, usted se va a mudar de cualquier forma, así que, ¿qué importa?

Pero, tome en cuenta que el prestamista casi siempre envía una carta a su casero preguntándole cuál ha sido su comportamiento como inquilino. ¿Pagó usted siempre el alquiler a tiempo? ¿Alguna vez recibió un aviso de desalojo? Ha habido casos en que los inquilinos que se niegan a mudarse cuando se supone que deben hacerlo han irritado a tal grado al casero que éste ha llamado al prestamista para informarle que el inquilino/comprador primerizo dejó de pagar la renta. Esto es suficiente para que aquél suspenda la hipoteca, y quizá hasta para orillarlo a no conceder el crédito.

Prevea una demora en el avance del proceso y haga planes de contingencia por si se da el caso.

¿Cuándo se deben hacer los arreglos para los servicios públicos?

Le sugiero que llame a las compañías de servicios públicos al menos dos semanas antes de la fecha prevista para el cierre. Indíqueles la fecha esperada para conectar lo siguiente:

- Teléfono
- Electricidad
- Gas
- Triturador de basura
- Servicio por cable
- Cualquier otro servicio que vaya a utilizar en su zona

Si está trabajando con un agente, él o ella le deberá proporcionar una lista de números telefónicos de proveedores de servicios públicos en el área. En caso contrario, los números suelen aparecer en las páginas iniciales del directorio telefónico local. También puede preguntar al vendedor por los servicios que se utilizan. Si lo anterior no resuelve el problema, consulte la Sección Amarilla.

Pero, ¿qué ocurre si el cierre se demora, como hemos señalado?

Lo que he descubierto es que, una vez que la compañía de servicio tiene su nombre registrado y ha aprobado una fecha para la conexión, es tan sólo cuestión de llamar y decir: "Esperen tres días (o una semana o lo que sea) para hacer la conexión". Estas compañías están acostumbradas a las demoras y las manejan como algo común y corriente.

Lo que toma tiempo es abrir su cuenta. Es probable que la compañía de servicio requiera tiempo para verificar la información de crédito e incluso le solicite un depósito. Se puede necesitar de tres días a tres semanas para iniciar el servicio, pero una vez que la cuenta está abierta, sólo hay que llamar para retrasar la conexión.

¿Qué debe usted esperar cuando se muda por primera vez?

Si se trata de un alquiler, normalmente es de esperar que el lugar esté limpio y en condiciones de ser ocupado cuando usted se mude. Es poco o nada lo que tendrá que hacer en lo que respecta a limpieza o reparaciones. Pero eso no necesariamente sucede con una casa propia.

A menos que se mude a una casa nueva, es de esperar que habrá que hacer limpieza, trabajos de pintura y otras cosas más. Quizá desee o necesite instalar alfombras nuevas. Tal vez sean necesarias algunas reparaciones en la cocina o los baños. En resumen, aunque le hayan dado posesión de la propiedad, puede no ser conveniente mudarse en tanto se realizan algunos trabajos en su nueva casa. Éstas son algunas de las cosas que conviene considerar:

- *Conexión del calentador de agua/calefacción*: normalmente, la compañía de servicio no la hace a menos que usted esté en la casa.
- *Limpieza de alfombras*: puede hacerlo por su cuenta o contratar el servicio. Es posible alquilar limpiadores de alfombras en muchos sitios, pero no espere que hagan un trabajo tan bueno como las unidades profesionales.
- *Limpieza y pintura de interiores*: aunque la casa, departamento, condominio horizontal o cooperativa haya parecido muy limpio cuando lo vio con los muebles del vendedor adentro, una vez vacío, siempre aparecen marcas y suciedad en las paredes. A veces los cielorrasos también se ven mal. Es probable que se tenga que hacer bastante trabajo de limpieza y pintura.
- *Regado del jardín*: suele ocurrir que el vendedor "olvida" regar las plantas las últimas semanas. A menos que usted haga este trabajo de inmediato, gran parte de la vegetación en torno a la casa podría morir.
- *Reparaciones o cambios en la cocina o los baños*: quizá no le agraden los accesorios de la cocina o de los baños. Tal vez desee instalar un nuevo fregadero, un triturador de basura, una cocina integral, o cambiar el azulejo del baño.

Todas estas tareas requieren tiempo. Lo que es más, puede ser difícil, aun imposible, habitar la casa mientras las mismas se llevan a cabo. Tal vez tenga que vivir en otro lugar durante las primeras semanas.

Por tanto, algunos compradores primerizos conservan su departamento durante un par de semanas más después de tomar posesión de su nueva casa. Sé muy bien que esto significa pagar doble alquiler o hipoteca en un momento en que sin duda el dinero anda escaso, pero, por otra parte, bien podría valer la pena un par de semanas de alquiler para no tener que mudarse y pintar y reparar todo al mismo tiempo. (¿Cuánto vale para usted que no caiga pintura en su sofá o su estéreo?)

¿Qué hacer respecto a las cosas descompuestas?

Después de la mudanza, es posible que se encuentre con que ciertas cosas no funcionan: el horno no enciende, o el calentador de agua tiene una fuga. Quizá haya un cortocircuito. Esto sucede, y en muchas ocasiones el vendedor simplemente no tiene conocimiento del problema.

En esa situación, tendrá que llamar al agente y al vendedor y discutir quién debe pagar por la compostura, a menos que usted tenga un plan de garantía de casa. Estos planes se ofrecen para casi todas las casas que se venden y es el vendedor quien suele pagar por ellos (lo cual es una gran ventaja para usted). De acuerdo con estos planes, si se presenta algún problema con casi cualquier sistema de la casa, la compañía que garantiza lo corregirá, y a usted sólo le costará un deducible nominal (por lo general, de $35 a $50). Si sucede durante el primer mes de entregada la casa, es frecuente que el vendedor pague el deducible para evitarse molestias.

Pregunte a su agente acerca del plan de garantía de casa, que deberá incluirse en el convenio de venta como condición de la misma, si desea que el vendedor pague por él.

¿Será necesario comprar cosas adicionales para su nueva casa?

Si ha estado alquilando una casa, es probable que el casero le haya suministrado una estufa, un refrigerador, una lavadora y una secadora (aunque sean del tipo que requiere pago para utilizarse). Sin embargo, casi todas las casas vienen con cocinas integrales, que por lo común sólo incluyen la estufa, el horno, el triturador de basura y la lavavajillas; no incluyen refrigerador o aparatos de lavandería. Es probable que usted tenga que comprar estas cosas y programar su entrega aproximada para cuando se mude. (Utilice en este caso la misma técnica que con las compañías de servicios. Compre con anticipación y luego retrase la entrega, si es necesario. Sólo asegúrese de que pueda cancelar la compra en caso de que la venta de la casa no se realice.)

Es probable que también necesite muchas cosas más que quienes pagan alquiler no tienen, entre ellas, toda clase de herramientas de jardinería y demás. Si la propiedad tiene un balneario o alberca, tendrá que comprar cloro, ácido, base, probadores, agentes limpiadores, etc., o contratar un servicio para albercas. (También le conviene tomar un curso corto sobre el cuidado y limpieza de balnearios y albercas.)

¿Debe mudarse por su cuenta o contratar una compañía de mudanzas?

Lo he hecho de ambas maneras muchas veces, y puedo afirmar que contratar una compañía de mudanzas es mejor, *si* dispone del dinero. Si éste anda escaso, puede ahorrar un poco rentando un camión de mudanzas en una compañía alquiladora, pero quizá no tanto como piensa.

Las compañías de mudanzas aparecen en la Sección Amarilla. Luego de haber empleado los servicios de muchas, he encontrado que la calidad de la mudanza (objetos rotos o perdidos) depende más de los individuos que la llevan a cabo que de la compañía misma.

Las tarifas son prácticamente iguales y se basan en el peso. Por un cierto peso se le cobrará una tarifa determinada, en la mayoría de los casos, sea cual sea la compañía que utilice. Las recomendaciones de quienes hayan empleado recientemente los servicios de compañías de mudanzas son útiles; sin embargo, si recibe el servicio de la misma compañía pero de individuos diferentes, el resultado podría ser distinto.

Existen muchas compañías que alquilan camiones de mudanza en los Estados Unidos, como U-Haul, Ryder, Budget y otras. Las grandes diferencias son en este caso la calidad del equipo y el precio. El precio varía considerablemente tanto de una compañía a otra así como dentro de una misma compañía, lo cual resulta sorprendente.

Hace poco me mudé y contraté una compañía de mudanzas para los objetos grandes y un camión alquilado para los pequeños. Se me cotizó un precio y estuve de acuerdo. Sin embargo, tuve que cambiar la fecha, y el nuevo precio que se me cotizó ¡fue casi el doble! Como explicación, se me dijo que el precio depende de la época del año, de la fecha del mes e incluso del día de la semana. Originalmente, yo deseaba mudarme a media semana, a mediados del mes y a la mitad del verano, que es el periodo de tarifas más bajas. Cuando cambié a un fin de semana, a fin de mes y a finales del verano, pasé al periodo de tarifas más altas. Si hubiera programado el momento de mi mudanza un poco mejor, me habría ahorrado una buena cantidad de dinero. Esto es algo que conviene tener en cuenta al momento de decidir la fecha de la mudanza.

Desde otro punto de vista, la cantidad que se paga por alquilar un camión, más el millaje o kilometraje (en su caso) más la gasolina (para un vehículo que quizá rinda tres millas por galón, o un kilómetro por litro) puede acercarse mucho a lo que se pagaría a una compañía por encargarse de la mudanza. Intente hacer comparaciones; quizá encuentre que el alquiler de un camión cuesta más y las compañías de mudanzas cobran menos de lo que usted pensó en un principio.

Ahorro de impuestos

Muchas personas desconocen que, en los Estados Unidos, una parte de sus costos de mudanza pueden ser deducibles de sus impuestos federales sobre la renta. Esto tiene relación con la razón de la mudanza y la distancia.

Si la mudanza está relacionada con el trabajo (por ejemplo, usted obtiene una nueva casa como parte de un empleo nuevo), y su nueva casa está a más de una cierta distancia de la antigua (según lo que determina el IRS), puede deducir todos sus costos de mudanza hasta una cantidad máxima. También puede deducir ciertos costos de hipoteca que normalmente no son deducibles.

Las reglas en este sentido cambian con frecuencia, así que consulte con un contador para ver si se aplican a su situación. De ser así, quizá pueda ahorrar lo suficiente en impuestos para pagar los servicios de una compañía de mudanzas.

Qué hay que conservar y qué debe desecharse

Por último, está la cuestión de lo que conviene conservar y lo que se debe desechar en una mudanza. La regla para algunas personas ha sido no tirar nada y conservarlo todo; nunca se sabe lo que se va a necesitar. Para otros, es todo lo contrario: lo que sea que se necesite se puede comprar nuevo.

He descubierto que una buena manera de determinar qué conviene desechar y qué se debe conservar consiste en comparar el costo de un artículo nuevo con el de trasladar uno usado. Por ejemplo, hace algunos años mi familia se mudó una distancia de alrededor de 640 kilómetros (400 millas). En aquella época teníamos una lavadora y una secadora viejas que habíamos usado durante unos cinco años y por las que originalmente pagamos $350 en total. Comprar unas nuevas costaría alrededor de $450.

Sin embargo, como eran pesadas, el costo de trasladarlas iba a ser de $150. Yo alegué que lo sensato era llevarlas con nosotros. De no hacerlo, gastaríamos $300 más para comprar otras nuevas.

Mi mujer argumentaba que eran viejas y ya habían rendido en servicio los $350 que nos costaron; no tenía sentido transportar 640 kilómetros una lavadora y una secadora viejas. No tenían valor sentimental y, además, ella deseaba aparatos nuevos.

Al final prevaleció mi opinión, por desgracia. Trasladamos esos malditos artefactos 640 kilómetros y los instalamos en nuestra nueva casa. El problema fue que, en algún punto del camino, la secadora entregó el espíritu; no quiso funcionar cuando la conectamos. (Y el seguro de mudanza no paga descomposturas internas de aparatos mecánicos y electrónicos.)

A la lavadora no le fue mucho mejor. Antes de seis meses tuvimos que remplazarla. Así pues, a causa de mi terquedad, no sólo tuvimos que pagar $150 por la mudanza de los dos aparatos, sino que además pagamos $450 por otros nuevos.

La moraleja de esta historia es que, si tiene usted objetos viejos que pronto será necesario sustituir y no hay un apego emocional a ellos, deséchelos. Haga una venta de garaje y obtenga lo que pueda por ellos y si no puede conseguir nada, llévelos al tiradero.

Le conviene mucho más deshacerse de esa clase de cosas que llevarlas con usted, incluso si comprar otras nuevas significa un desembolso adicional. Esto se aplica especialmente válido a los objetos muy pesados, como refrigeradores, estufas y sofás desgastados.

Una mudanza es siempre una experiencia iluminadora (algunos hasta dirían que espiritual). Usted aprende cosas acerca de sí mismo (y de su vocabulario) que desconocía por completo. Pero, si dedica un poco de tiempo a prever los problemas, todo puede ser mucho más fácil. La siguiente es una lista de comprobación de lo que puede hacer para que su mudanza sea más divertida.

Preparativos para la mudanza

- Llame a las compañías de servicios públicos al menos con dos semanas de anticipación.
- Contrate el alquiler de un camión o una compañía de mudanzas con un mes de anticipación.
- Dé aviso a su casero actual con al menos un mes de anticipación.
- Pregunte a su casero si podría ser flexible respecto a la fecha de la mudanza.
- Haga arreglos específicos para recoger las llaves de su nueva casa.
- Haga planes para disponer de un tiempo de traslape (tener dos residencias durante una semana o más).
- Haga planes para tener tiempo de pintar y reparar la nueva casa.
- Reserve dinero para los artículos que sea preciso remplazar (fregaderos, mosaico, papel tapiz, etc.)
- Reserve dinero para artículos nuevos (lavadora, secadora, refrigerador, muebles, etc.)

- Consulte con su contador respecto a las partes de la mudanza que pueden ser deducibles.
- Revise sus pertenencias y venda o deseche todo lo que no tenga un valor sentimental o que no vaya a durar mucho tiempo.
- Duerma bien la noche anterior a la mudanza y repítase a sí mismo: "¡Esto también va a terminar!".

Capítulo 12

CÓMO LLEVAR LA CUENTA DE TUS UTILIDADES Y GASTOS ANUALES

Son muchas las razones para comprar una casa por primera vez, como vimos en capítulos anteriores, pero una que todo comprador primerizo reconoce es el deseo de tener una utilidad. En realidad no tendría sentido comprar si usted esperara vender con pérdidas unos años más tarde. Más bien, la esperanza es que cuatro, cinco o siete años más adelante, o cuando quiera que usted venda su casa, lo haga por mucho más dinero del que pagó por ella. De hecho, una de las razones por las que es probable que se decida a vender será porque es un buen momento de cosechar los frutos de su inversión.

Debido a que una casa es una inversión tan importante para el propietario, casi todos los compradores primerizos están ansiosos por llevar la cuenta de cómo va su inversión. Después de todo, si usted tiene acciones o bonos, sin duda consulta el periódico para saber si suben o bajan. ¿Por qué habría de ser distinto con una casa?

De hecho, seguir la pista de los precios de las casas se ha convertido en una especie de juego entre los propietarios y los agentes inmobiliarios. No mucho tiempo después de que usted haya tomado posesión de su propiedad comenzará a recibir cartas espontáneas de agentes donde le dicen que acaban de vender una casa en su vecindario y le indican el precio de venta; incluso hasta pueden incluir una lista de todas las ventas recientes. La idea es estimularlo para que les llame y quizá se decida a poner su casa a la venta.

He asistido a reuniones sociales de vecinos donde el tema principal de conversación ha sido la suerte que corren los precios de las casas locales. Cada vecino parecía competir con otro para relatar una anécdota respecto a una venta reciente de la que había oído hablar.

Desde luego que, en tanto los precios van hacia arriba, todo el mundo está contento. No es sino hasta que van en picada cuando tendemos a ver muchos rostros malhumorados entre nuestros vecinos.

Le sugiero que elija un mes en particular, digamos diciembre, que es el último del año y es fácil de recordar, y, cada diciembre, determine el valor actual de su casa. Si es del tipo de persona que tiene sangre de contador, quizá le convenga anotar el precio de su casa en una gráfica cada año. De esta manera, podrá ver en retrospectiva e identificar rápidamente los años en los cuales el precio no pareció moverse y otros donde se disparó hacia arriba (o hacia abajo).

¿Cómo se lleva la cuenta del valor de una casa?

Existen diversas maneras de llevar la cuenta del valor de su casa. En este capítulo examinaremos dos métodos:

"en el papel" y "en efectivo". Estoy seguro de que esta tarea le resultará divertida, en particular cuando los precios van hacia arriba, y le será de utilidad pues le permitirá saber cómo va su inversión y quizá le indicará cuándo es un buen momento para vender.

El método "en el papel"

Este método es el más fácil y el que emplean casi todos los propietarios de casa. Por desgracia no es muy preciso, como veremos pronto. No obstante, constituye un buen punto de partida.

Lo que va a hacer es simplemente determinar en cuánto sería probable que su casa se vendiera en este momento. Puede utilizar las técnicas analizadas en el capítulo 7 bajo el título de "¿Cuánto debo ofrecer?".

Básicamente, necesita ponerse en contacto con un agente inmobiliario y pedirle una lista de ventas de propiedades comparables efectuadas a lo largo del año anterior. (Puesto que casi todos los agentes están conectados por medio de computadoras y módems a un centro de datos, la impresión de la lista debe tomar sólo unos minutos, y cualquier agente se la dará de buena gana con la esperanza de que, cuando dé su propiedad en exclusiva, le llame a él.)

Cuando obtenga la lista, vea en cuánto se han vendido las casas similares a la suya durante el año anterior. Pero tenga cuidado: compruebe que está comparando manzanas con manzanas y no con naranjas. Asegúrese de que las casas tengan el mismo número de recámaras y baños, cuenten con los mismos servicios (como albercas o balnearios) y tengan cerca del mismo número de pies o metros cuadrados. Aun así, habrá diferencias en términos de la calidad de los acabados de una casa respecto a otra, la ubicación en la calle y la distribución de los pisos. Sin duda, podría echar un vistazo a cada una para tener una perspectiva mejor de qué tan similares son en realidad, pero no hay que ser demasiado estricto en esta cuestión. Por el momento, bastará promediar todas las ventas comparables para darse una idea bastante buena del precio por el que su casa se podría vender. (A veces las ventas son pocas o incluso ninguna. De ser así, no cometa el error de tratar de encontrar ventas comparables fuera de su zona, pues es probable que no lo sean en realidad. Quizá sencillamente tenga que pasar por alto el cálculo de ese año.)

Una vez que llegue a un precio promedio, réstele dos cifras: la primera es el precio que pagó por su casa y la segunda, cuánto debe por ella. Eso le dará su utilidad en el papel y su valor líquido en el papel.

Cálculo del valor en el papel

	Utilidad	Valor líquido
Su precio de venta	$145,000	$145,000
Menos precio de compra		115,000
Menos hipoteca vigente	_____	90,000
	$ 30,000	$ 55,000

Como ya dije, es divertido anotar estos valores en una gráfica año con año. Así podrá ver cómo va su inversión inmobiliaria.

El método en efectivo

Aunque el método en el papel recién descrito le proporciona una cifra aproximada y por lo común le hace sentirse bien, en realidad no es una cifra muy exacta. La razón es que no ha tomado en cuenta los costos en los que incurrió cuando adquirió la casa ni los costos en que incurrirá cuando la venda, los cuales pueden ser importantes.

Los costos de compra puede obtenerlos de los documentos del cierre de la operación. Los gastos de venta pueden estimarse en aproximadamente el 8 por ciento del precio de venta. Eso incluye una comisión (por lo general de entre el 5 y el 7 por ciento) y los costos del cierre. No obstante, podría ser un poco más o un poco menos.

Del ejemplo anterior, voy a suponer $6,000 en costos de compra y el 9 por ciento de un precio de venta de $145,000 es alrededor de $13,000 en costos de venta. Ahora las cifras se ven algo distintas.

Cálculo del valor en el papel

	Utilidad	Valor líquido
Su precio de venta	$145,000	$145,000
Menos costo de venta	- 13,000	- 13,000
Venta ajustada	$132,000	$132,000
Precio de compra	$115,000	
Más costos de compra	+ 6,000	+ 6,000
Hipoteca vigente		90,000
Compra ajustada	- 121,000	- 96,000
Efectivo	$11,000	$36,000

Después de estudiar estas cifras, estoy seguro de que la mayoría de los lectores preferirán los valores en el papel que aquellos en efectivo. Por desgracia, en el mundo real, el valor en efectivo es lo que su propiedad vale en efecto y lo que puede obtener verdaderamente de ella.

Comparación de los valores en el papel y en efectivo

	Utilidad	Valor líquido
Papel	$30,000	$55,000
Efectivo	11,000	36,000
Diferencia	$19,000	$19,000

La diferencia entre su utilidad y el valor líquido de su propiedad en el papel y en efectivo es de $19,000, una buena cantidad de dinero. Recuerde sólo que el precio en el papel es algo para soñar; el precio en efectivo es lo que verdaderamente vale.

Capítulo 13

Cómo manejar el remordimiento del comprador

Existe un fenómeno psicológico que es casi seguro que le ocurra a usted como comprador primerizo. En vez de describirlo, permítame mostrarle lo que quiero decir.

Usted encuentra su primera casa, y aunque quizá no sea perfecta, se acerca lo suficiente a la que ha soñado como para enamorarse de ella. Usted y su cónyuge admiran todas sus estupendas características. La recámara principal es grande y cómoda, y tiene un encantador baño anexo. La cocina es acogedora, con una ventana arriba del fregadero que mira hacia el jardín. La cochera es suficientemente grande para dos autos más las herramientas eléctricas que pueda adquirir. La casa tiene recámaras adicionales para los niños que habrán de llegar en el futuro de acuerdo con sus planes. La sala familiar tiene el tamaño suficiente para alojar un televisor de pantalla grande. Tiene alfombra de pared a pared, y hay probabilidades de hacer muchos amigos en el vecindario, el cual parece muy seguro.

Así que usted hace una oferta. El vendedor no acepta pero hace una contraoferta; usted hace otra, y después de algunas escaramuzas, obtiene la casa.

De ahí sigue la batalla del prestamista: su crédito es bueno, pero hay unos cuantos problemas que tiene que explicar. El prestamista titubea, pero finalmente usted consigue que una tía rica firme como aval y el crédito se ve bien.

Necesitará todo el efectivo del que dispone para el enganche y los costos del cierre, y sólo Dios sabe de dónde sacará el dinero para la mudanza. Pero todo se va a conseguir.

Después están las demoras: el prestamista pierde un documento. El vendedor descubre que hay un gravamen sobre la casa por una vieja cuenta no pagada, y se lleva tres días más liquidar eso.

Finalmente sucede: usted entrega su dinero, el prestamista entrega la hipoteca, el vendedor firma la escritura y, milagro de milagros, ¡la casa es suya!

Por fin, después de todo el estira y afloja y todo el esfuerzo, el agente le entrega la llave, los encargados de la mudanza (quizá un montón de viejos amigos) se presentan y sus muebles de alguna manera quedan acomodados mientras usted frota y pinta y lava.

¡Qué desorden, qué tensión, qué esfuerzo! ¡Pero al fin se hizo!

La realidad se impone

Ésta es la primera noche en su propia cama y en su nueva casa. Usted y su cónyuge están acostados, con los ojos bien abiertos, pensando en esa hipoteca. En ese ENORME pago de la hipoteca. En la enorme cantidad de dinero que acaban de pagar. En lo que sucederá si usted (o cualquiera de los dos) pierde su empleo.

Comienza a sudar, y se dice: "Dios mío, ¿qué he hecho? ¿Hay alguna forma de salir de esto? ¡Quiero vender!".

Bueno, quizá no sucedió exactamente así. Tal vez el pánico se apoderó de usted la noche en que el vendedor firmó el convenio de venta. O acaso fue cuando el prestamista dijo finalmente: "De acuerdo".

Sin embargo, si usted es como el resto de nosotros, en un momento determinado (probablemente del todo inesperado) lo inundó una increíble oleada de temor. Súbitamente se dio cuenta de la magnitud del compromiso que se había echado encima, y se dijo que simplemente no iba a poder con él.

Si lo anterior ya le ha ocurrido, sabrá exactamente lo que quiero decir. Si todavía no le sucede, continúe leyendo: quizá consiga ahorrarle una buena dosis de angustia innecesaria.

Esta oleada de pánico tiene nombre: se le llama remordimiento del comprador, y se presenta cuando toda la emoción y el estira y afloja para conseguir la nueva casa se desvanecen repentinamente, y usted encara la realidad de tener que hacer grandes pagos por la hipoteca y una casa enorme que de improviso no está seguro de poder manejar.

No soy psicólogo y no puedo explicar por qué sucede. Pero puedo decirle que me ha ocurrido a mí y a todos los compradores primerizos que he conocido.

También le puedo decir que existe una forma de reducir el efecto, cuando no de eliminarlo por completo.

Cómo curar el remordimiento del comprador

En primer lugar, ahora ya sabe cómo se llama. Es interesante que, una vez que damos nombre a las cosas, nos parece que adquirimos poder sobre ellas. El solo conocimiento de que es un fenómeno que ocurre con frecuencia puede ayudar a controlarlo.

Segundo, usted no es el único que está en un atolladero cuando adquiere esa casa. Está también el prestamista. Quizá usted aportó $5,000, $10,000, $20,000, o incluso más. Pero el prestamista puso $100,000, $200,000 o más. ¿De qué se preocupa? ¡Piense en todo lo que el prestamista puede perder!

Además, los prestamistas no están en este negocio para perder dinero. A la mayoría rara vez les ocurre. Ellos saben cómo ganar dinero con hipotecas inmobiliarias, y eso significa que otorgan créditos sólo a personas que reúnen los requisitos para rembolsarlas.

De modo que, si a usted le invade súbitamente el temor de haber perdido la razón, confíe en el criterio del prestamista. ¿Recuerda todas esas investigaciones de crédito y documentos que le entregó? Todos ellos constituyeron pruebas de que usted puede en efecto hacer los pagos, y que está en verdad calificado para comprar esta casa.

Por último, si todo lo anterior no le ayuda, no olvide esto: podría ser peor, mucho peor. En vez de comprar una casa, usted podría estar en un país en guerra, donde se están destruyendo las casas de todo el mundo. Podría tener una enfermedad que amenace su vida, o un pariente o amigo querido podría haber muerto.

Comprar una casa es cualquier cosa. Usted compró una, y es probable que compre otras. Sólo es cuestión de crédito y dinero.

Si las cosas no salen bien, siempre existe la posibilidad de vender o deshacerse de la propiedad de una forma u otra. No va a quedar marcado para toda la vida, ni las personas van a quedársele viendo de aquí en adelante por haber comprado esta casa.

En realidad, inicia una gran aventura: está dando el que puede ser su primer paso verdaderamente grande hacia un mundo maravilloso de inversiones y riqueza que se acumula. Es tiempo de celebrar, no de preocuparse.

Así que no se disguste consigo mismo por comprar esa gran casa y firmar esa enorme hipoteca. Eso también pasará. Más bien, piense en todos los buenos ratos que habrá de disfrutar en los días por venir en su estupenda nueva casa.

PRIMERA EDICIÓN
ABRIL 1998
TIRO: 5000 EJEMPLARES
(MÁS SOBRANTES PARA REPOSICIÓN)
IMPRESIÓN Y ENCUADERNACIÓN:
ARTE Y EDICIONES TERRA
OCULISTAS NO. 43
COL. SIFÓN
MÉXICO, D.F.